Es gibt nur Umwege.

Florian Fischer

Der nächste Schritt

Schau mal! Es geht.

Nur Umwege führen zur Lösung.

Akelim

Das Nächstliegende sehen

»Akelim akel akel, eideli tell, rottiti.« – Das ist ein Selbstzitat, die einzig überlieferten Worten meiner ersten Kindersprache: *»Akelim akel akel, eideli tell, rottiti.«*

Übersetzt in deutsche Erwachsenensprache ergibt das: »Der Schmetterling wackelt (mit den Flügeln), (ich will es) Vati erzählen, (dann) freut er sich.« Ich sehe den kleinen Florian, knapp 2 Jahre alt, auf unsicheren Beinen auf der großen Wiese, sehe seine Freude über das farbige Wesen im Gras vor ihm, das sich bewegt, sehe den Impuls, diese Freude gleich dem Nächsten mitzuteilen.

Mitteilung. Vielleicht ist dies ein ganz ursprünglicher Impuls des Menschen, alt oder jung, sich an den Nächsten zu wenden und Nächstliegendes zu tun: eine Empfindung, eine Erfahrung, einen Eindruck zu teilen, mitzuteilen, um sich selbst des Geschehens zu vergewissern und es in Wirkung zu setzen – durch Mitteilung: Schau mal! Es bewegt sich!

Wer sich darauf einlässt oder sich dazu ermuntern lässt, das Offensichtliche einer Situation zu sehen, wird in jedem Fall eine Bewegung erkennen. Noch so klein, noch so gering, deutet die Bewegung doch eine Tendenz an, die den nächsten Schritt nahelegt, auch, wenn zunächst scheinbar Stillstand herrscht oder eine Situation scheinbar ausweglos erscheint. Und mit dem nächsten noch so kleinen Schritt kommt eine Entwicklung und schliesslich eine Lösung in Gang.

Das Offensichtliche zu erkennen und auch zu benennen, erscheint mitunter nicht einfach, erfordert manchmal auch Mut, den Mut, naiv zu erscheinen, hören zu müssen: »ja, wenn es so einfach wäre, dann ...«. Ja, es ist tatsächlich »unglaublich« einfach. So naheliegend, dass man es bisher einfach übersehen hat – oder nicht sehen wollte. Johann Wolfgang von Goethe schrieb: *Was ist das Schwerste von Allem? Was dir das Leichteste dünket: mit den Augen zu seh'n, was vor den Augen dir liegt.* Der Schmetterling in jeder Situation als Hinweis auf Bewegung, auf Lösung, auf den nächsten Schritt.

»Der nächste Schritt« hat zweifache Bedeutung: Es bedeutet zunächst physikalisch einfach den nächsten Schritt nach dem vorigen Schritt. Und es bedeutet psychologisch das, was mit einer Metapher als das Nächstliegende bezeichnet wird, als ob da tatsächlich etwas läge: das, was unmittelbar ersichtlich, ja, einsichtig, quasi selbstverständlich, sich eigentlich von selbst zu tun ergibt oder zu geschehen hat. »Der nächste Schritt« ist nicht der vorgestellte und nicht der geplante Schritt, sondern ist der Schritt, der schon da ist, der berührt, der nahegeht, der zukommt, der angenommen werden darf, und soll oder muss (oder auch nicht). In diesem Sinne ist »Zukunft« wie »Zufall« wie »nächster Schritt« ein und dasselbe. Zukunft kommt auf mich zu, Zufall fällt mir zu. Gefälle des Geschehens.

Es ist der Schritt, der sich aus dem vorigen Schritt ergibt, es ist der Schritt, den zu gehen ich bereits im Begriff bin, selbst wenn ich es noch nicht begriffen habe. Es ist oft auch der Schritt, vor dem man Angst hat, ja dieser Schritt, der so deutlich fast unausweichlich vor Augen ist.

Der amerikanische Architekt Louis H. Sullivan, Autor der berühmten Formel »form follows function« schreibt 1896: »*... meiner Überzeugung nach gehört es zum Wesen eines jeden Problems, dass es seine Lösung in sich selber trägt und sie andeutet. Ich glaube daran, dass dies ein Naturgesetz ist.*«

Und 1960 schrieb der österreichische Architekt Friedrich Kiesler in New York: »*... jedes Problem, groß oder klein, setzt eine ungeheure Demut voraus – die Demut zuzulassen, dass es uns mitteilt, was es von uns erwartet, und nicht, dass wir dem Problem mitteilen, wie es gelöst werden soll. Es entwickelt sich aus seinem eigenen inneren Konzept, dem wir zuhören und das wir verstehen müssen ...*«

Für die Lösung von Problemen oder Konflikten heißt das daher: hinschauen, zuhören und Mitteilung geben zur Wahrnehmung des offensichtlich Nächstliegenden – und daraus fundiert und gut gestimmt den nächsten Schritt aus dem vorigen Schritt entstehen lassen, – man könnte sagen: den nächsten Schritt geschehen lassen. Und – wenn der nächste, der nächstliegende Schritt stimmt, ist die Wahrscheinlichkeit groß, dass auch weiterhin Schritt für Schritt ein stimmiger Weg sich ergibt – voraussichtlich als Umweg und voraussichtlich nicht zu genau dem Ziel führend, das früherer Vorstellung und bisherigem Plan entspricht, aber doch zu einer stimmigen Lösung, aus der sich weitere Lösungen ergeben werden. Jeder Schritt eine Lösung.

Schau mal. Es geht!

Aber

Einfach Ja oder Nein

Im spanischsprachigen Raum wird jährlich am 3. Mai die Fiesta »Cruz de Mayo« gefeiert: Im Zentrum der Dekoration steht ein großes blumengeschmücktes Kreuz, mit eingeflochtenen bunten Bändern. Besonders in Andalusien ergänzt zur weiteren Dekoration jede Familie ein schönes Sammelstück an historischem Haus- und Ackergerät und sonstigem Brauchtum. Unübersehbar gehört auch dazu: auf einem Teller ein Apfel mit schräg hineingestoßener offener Schere. Mit diesem Bild wird die Angewohnheit dargestellt und kritisiert, eine positive Aussage im Nachsatz mit »... aber ...« einzuschränken.

»Welch schöner Tag heute, aber ein bisschen kalt!« »Ein schöner Text, aber doch zu lang.« Warum Apfel, warum Schere? Das deutsche Wort »aber« heißt auf Spanisch »pero«. Der Volksmund sagt jedoch auch »el pero« für den Apfel (eigentlich »la manzana«) gegenüber »la pera« für die Birne. Das Bild sagt: »¡ Corta el ... pero«. Zu deutsch: »Schnitt. Spar Dir Dein blödes ... aber!«.

Ja oder Nein gelten kaum je allein. Aus jedem Nein ragt ein Aber, eine Angst vor der Klarheit des Nein und jedem Ja möchte ein Aber Einschränkung geben. Ein Mangel an Mut beansprucht im Nein ein Teilchen Ja und im Ja ein Teilchen Nein mit dem Wort Aber.

»Ich will jetzt von dir ein Ja ohne Aber, oder, wenn es sein muss, ein Nein ohne Aber, andauernd und gültig mit Zukunft. Ich will wissen, woran ich bin. Und ich verspreche, deinem Aber in einem eigenen Raum Gehör und Aufmerksamkeit zu geben, wenn das doch einmal notwendig ist.«

»Ja, gut. Ich sage Ja.«

Jede und Jemand

Alle Menschen sind anders

»Darf ich?«

»Nein. Das ist verboten.«

»Aber es stört doch niemanden.«

»Aber wenn das jeder wollte.«

»Ich bin aber nicht jeder.«

»Das sagen alle.«

»Ich bin auch nicht alle.«

»Sind Sie was Besseres?«

»Nein, ich bin wie ich bin.«

»Das kann man nie wissen.«

»Aber Sie können es wissen.«

»Woher soll ich das wissen?«

»Weil ich es sage.«

»Wer sind Sie denn?«

»Ich – jetzt, hier, Ihnen gegenüber.«

»Da könnte ja jeder kommen.«

»Aber nicht jeder würde Sie fragen.«

»Warum grade mich?«

»Weil ich sehe, dass Sie nicht jede sind.«

»Aber jemand könnte mich sehen,
wenn ich eine Ausnahme mache.«

»Sehen Sie mich an.«

»Warum?«

»Weil ich dieser Jemand bin.«

»Sie?«

»Ja, ich.«

»Und?«

»Also, darf ich?«

Jeder und alle

Alle Menschen sind gleich

»Darf ich?«

»Ja, gerne.«

»Wirklich?«

»Ja, zum Glück will das ja nicht jeder.«

»Sonst heißt es doch immer ›wenn das jeder wollte‹.«

»Sie sind ja nicht jeder.«

»Na Sie aber auch nicht.«

»Stimmt.«

»Ach, wenn doch alle so wären wie Sie.«

»Und alle so wie Sie.«

»Dann wäre ja jeder wie alle.«

»Und alle wie jeder.«

»Stimmt.«

»Zumal es auch heißt ›Alle Menschen sind gleich‹.«

»Das stimmt doch nicht.«

»Zum Glück.«

»Ja, für viele.«

»Aber zum Unglück für die meisten.«

Entscheidung

Wann, wenn nicht jetzt!
Wer, wenn nicht ich!

»Jetzt oder nie!« Das stimmt nie, denn ich kann nicht in die Zukunft schauen, dorthin wo das »Nie« zu vermuten sein könnte. Nicht ich selbst bestimme, wann etwas geschieht, sondern es bestimmt sich vor allem daraus, dass die Zeit reif ist für das Geschehen, für die Entscheidung, reif dafür, dass die Entscheidung getroffen wird: Bedingungen sind erfüllt, Meinungen haben sich geeinigt, Beteiligungen sind aufgeteilt. Wer eine Entscheidung trifft, trifft etwas, das in diesem Moment auftaucht, sich lange genähert hat, sich auch angedeutet hat, bemerkt oder unbemerkt. Dann stimmt es zu sagen: »Wann, wenn nicht jetzt. Wo, wenn nicht hier. Wer, wenn nicht ich.«

Eine Entscheidung treffen, das ist eine Sache auf Gegenseitigkeit, eine Begegnung: Die Entscheidung trifft mich und ich treffe die Entscheidung. Und es ist eine unausweichliche Begegnung: Wenn ich der Entscheidung ausweiche, so wird sie mich verfolgen, und wenn ich der Verfolgung zu entfliehen versuche, werde ich mich verfolgt fühlen. Vor allem aber ist es eine sanfte Begegnung: Ich nehme die zu treffende Entscheidung erst wahr, wenn sie faktisch hinter mir liegt. Es geht allein noch darum, die Weichenstellung anzuerkennen, ihr einen Namen zu geben, sie darzustellen. Hirnforscher haben herausgefunden, dass die neuronale Schaltung zu einer Entscheidung stattfindet, einige Millisekundenbevor sie ins Bewusstsein gelangt. Jede Entscheidung liegt zeitlich messbar bereits hinter mir, wenn ich vermeintlich eine Entscheidung treffe. Das Gehirn erbringt selbstorganisiert die eigentliche Leistung der Begegnung.

Ein Zug fährt in voller Fahrt über eine Weiche – geradeaus oder abzweigend, die Weiche steht stets einige Zeit vor der Überfahrung in ihrer Stellung. Für den Reisenden ist es nicht spürbar als Änderung oder Beibehaltung der Richtung. Die Abweichung geschieht unbemerkt. Und doch führt das eine oder andere, geradeaus oder abweichend, in gründlich andere Richtung. Der Moment der Ab-weichung wird als gerader Weg empfunden. So mindestens ist es bei der Eisenbahn, die aus den Gleisen, aus der Bahn fliegen würde, wenn die Weichenbauer nicht für Unmerklichkeit gesorgt hätten. Auch ist nicht unterscheidbar zunächst, was geradeaus und was Abweichung zu nennen ist. Der Zugpilot hat keinen Einfluss auf seinen Weg. Für ihn wie für die Reisenden ist alles geradeaus, vor allem: die Räder drehen sich immer geradeaus. Es gibt jetzt Züge, in denen kann man als Reisender, vom Fahrstand nur durch eine Glaswand getrennt, dem Zugpiloten über die Schulter auf die Strecke schauen. Mit 200 Stundenkilomentern rast ein unabänderlicher Weg auf mich zu und unter mir hindurch. Irgendwann merkt man, dass die Sonne plötzlich blendet, seitwärts zur Fahrtrichtung steht, obwohl sie doch bisher in Fahrtrichtung schien.

Oh, die Fahrtrichtung hat sich geändert, eine Entscheidung ist zu treffen, um nicht geblendet zu werden. Wo steckt meine Sonnenbrille?! Die Abweichung von der bisherigen Richtung ist längst passiert, unbemerkt, sanft. Jetzt geht es nur um Wahrnehmung und Anerkennung:

Die Entscheidung liegt hinter mir!

Stopp!

Kein Schritt weiter

Ihr seid schon lange zusammen, privat oder geschäftlich, und ihr versteht euch sehr gut, eigentlich.

Da reichen meist wenige Worte zur Abstimmung. Deutlichkeit und Ausführlichkeit, gar Höflichkeit braucht ihr nicht. Umständlichkeit habt ihr nicht nötig, wo ihr euch doch so gut versteht. Trotzdem, manchmal kommt es zu unerklärlichen Reibereien und Spannungen. Dann sind es oft und immer wieder die gleichen Stichworte, die fast mechanisch zu heftigem Disput führen mit den immer gleichen Argumenten. Das schaukelt sich regelrecht hoch. Wie kann das passieren, wo ihr euch doch eigentlich so gut versteht!

Dann hilft nur »Stopp!«, kein Schritt weiter. Sofort aufhören, einfach aufhören, rausgehen. Geht das? Darf man das? Ist das nicht unhöflich? – Ja, man darf, man soll, man muss es sogar, denn es hilft. Es ist nicht höflich, aber es ist herzlich und ehrlich. Bald oder später ist es dann zum Lachen, dass es wieder mal passiert war, dieser Unsinn, dieser absolut überflüssige Unsinn. Vielleicht braucht es manchmal oder grundsätzlich doch mehr Deutlichkeit, Ausführlichkeit und vielleicht sogar Höflichkeit? Vielleicht sogar ein paar Regeln:

Wir besprechen Wichtiges nicht zwischen Tür
und Angel. Du gibst mir Gehör für mein Anliegen.
Ich gebe dir Gehör für dein Anliegen.

Was ich zu dir sage, halte ich für wichtig.
Was ich von dir höre, das nehme ich wichtig.

Ich falle dir nicht ins Wort.
Ich vollende nicht ungefragt deine Rede.

Vor dem Ausufern meiner Rede lasse ich mir Einhalt gebieten. Ich darf dich bremsen vor dem Ausufern deiner Rede.

Ich zitiere dich korrekt. Ich akzeptiere deine Korrektur, wenn ich dich falsch zitiere.

Ich bitte um Raum zur Darstellung meiner Aufregung.
Ich gebe dir Raum zur Darstellung deiner Aufregung.

Ich stelle keine Frage, deren Antwort ich selber geben kann. Ich stelle keine Frage, deren Antwort deinerseits ich schon weiß.

Ich belehre dich nicht mit verkürzten Weisheiten.

Ich sage nicht »man«, wenn ich dich meine.
Ich sage nicht »man«, wenn ich mich meine.

Wenn ich von Entscheidung betroffen bin, entscheide ich mit. Wenn ich nicht betroffen bin, enthalte ich mich der Mitsprache, wenn ich nicht eingeladen bin.

Vor größeren Ausgaben stellen wir Einvernehmen her, wenn Geld oder Verantwortungsbereich des anderen betroffen ist.

Ich gebe am Ende einer Arbeit Raum zu Betrachtung und Zufriedenheit. Ich nehme am Ende einer Arbeit Raum zu Betrachtung und Zufriedenheit.

Ich rede nach einer Arbeit nicht sogleich
über nächste Arbeit, weder für mich noch für dich.

Ich und sich

Über Planen und Gestalten und Verwirklichen

Ich habe eine Idee. Ich plane.
Ich plane ein Werk, ein wichtiges Werk,
auf Bestand, auf Eigenständigkeit und auf Wirkung.
Ich beginne zum Beispiel mit einer Linie
in Bleistift auf einem weißen Blatt Papier.

Ich bin langsam in dem, was ich tue,
besonders langsam und achtsam,
damit ich mir folgen kann.
Ich betrachte die entstehende Linie,
den Anfang des Werkes,
das zu erzeugen ich meine.

Ich betrachte mich, ich betrachte die Linie –
und ich wundere mich, dass ich es bin,
der eine solche, so schöne Linie zu Wege bringt,
eine Linie, die allerdings anders läuft,
als von mir vorgestellt und anders, als von mir geplant
und zu Beginn auf den Weg gebracht.

Aber, da sie so ist, als könne sie gar nicht anders sein,
folge ich nun dieser Linie und erlebe,
wie nicht das von mir geplante Werk
Wirklichkeit wird, sondern,
wie Werk und ich im Entstehen
sich gewandelt haben und weiter sich wandeln.

s-ich wandeln: dieses »s« vor dem »ich«,
erscheint als Beweis-Zeichen des Lebens,
das seine Eigenwilligkeit entfaltet,
in jedem Geschehen und jeder Gestalt –
und dem »ich« folgen darf.

Das Datum der Einladung dazu ist stets heute.

Selbst

Zwischen Selbsterfahrung und Seinserfahrung

Manchmal entwickelt sich etwas wie von selbst. Einmal begonnen, läuft's wie am Schnürchen. Alles geht leicht von der Hand, als ob man nur loslassen müsste. Es läuft überraschend gut, besser als gedacht, wenn auch etwas anders, als geplant. Wie kommt das? Manchmal ist es auch genau das Gegenteil, es wird unerwartet schwierig, anders als gedacht.

Überraschend entstehen Situationen, die mal als Hürde mal als Brücke den geplanten Weg erschweren oder erleichtern. »Musste das jetzt passieren?! Gerade jetzt, wo alles so gut lief bisher!« ruft man verärgert oder man ruft erleichtert »Oh, das kommt mir aber jetzt gelegen, wie gerufen!« Und man fragt sich »Kann das Zufall sein?«, oder man sagt staunend: »So ein Zufall!«. Richtiger wäre zu sagen: »Es gibt nur Zufälle«, nämlich: Alles geschieht im Gefälle der Selbstorganisation des Lebens. Alles fließt! Es stürzt! Es geschieht! Es stimmt – selbstbestimmt, selbstorganisiert! Die Selbstorganisation des Geschehens hält keiner Beschwichtigung stand, wartet nicht auf Applaus und kümmert sich nicht um Beschwerde. Unvermittelt geschieht neben- und mit-einander Gewalt und Liebe, Frieden und Krieg, Entfaltung und Zusammenbruch, nimmt die Handelnden in den Fluss des Geschehens.

Sind wir machtlos? – Es kommt darauf an, was wir unter Macht verstehen. Wenn primär Intention uns bestimmt, wenn wir an Zielen und Absichten festhalten, mit Entschiedenheit unsere Vorstellungen und uns selbst durchsetzen wollen, dann stoßen wir an die Grenzen unserer Macht, und meinen dann, machtlos zu sein, die Macht los zu sein.

Wenn wir dagegen vor der Intention mehr unserer Intuition Raum geben, wenn wir weniger zielorientiert und mehr situationsorientiert unsere Vorstellungen zwar nicht vergessen, aber doch in Bewegung geraten lassen, dann sehen wir plötzlich Möglichkeiten. Manches löst sich dann wie von selbst, löst sich, weil wir losgelassen haben. Wir brauchen dann auch weniger Macht, ja es kann der Eindruck entstehen, dass neue Macht uns zufliesst, weil unser Einflussbereich sich erweitert.

Management, Planung und Organisation rechnen im Blick auf Ziele mit Zukunft und mit Vorhersehbarkeit. Das Leben kennt aber nur Vergangenheit und Gegenwart – Gegenwart in unaufhörlichem Wandel. Die Behauptung von Zukunft (Planung, Vorbereitung, Vorstellungen, Ängste, Hoffnungen, Ziele, Visionen) erzeugt im handelnden Menschen eine beharrliche Ablenkung von Gegenwart und ein Zögern gegen Wandel. Die Erfahrung vergangenen Wandels könnte aber dazu führen, der Selbstorganisation des Lebens zu vertrauen für ein Handeln im Zusammenspiel von persönlichem Selbst und überpersönlichem Selbst.

Soll man sich schlicht beruhigen, den Dingen ihren Lauf lassen, sich ergeben, einfach mitgehen, gar sich jeder Bewertung enthalten, wenn doch alles selbstorganisiert innerer Gesetzmäßigkeit folgt?

Nein, man soll sich nicht beruhigen, denn mensch entfaltet sich als Mensch verantwortlich und leidenschaftlich denkend und handelnd, planend, entscheidend und bewertend. Man kann und soll also gar nicht anders.

Ja, man soll sich beruhigen, denn die Dinge nehmen ihren Lauf, ob wir mitlaufen oder nicht, und keine Bewertung hält stand.

Wie aber passt das eigene, das persönliche Selbst in das unabhängige überpersönliche Selbst? Gibt es Freiheit? Was gibt es zu tun?

Was kann man tun, damit es öfter einfach und glatt läuft? Der Selbstorganisation aktiv Raum lassen. Was heißt das für den handelnden Menschen? Loslassen? Einfach loslassen. Das kann es doch nicht sein! Loslassen, Lösung, Gelassenheit? Der bremische Unternehmer Nils Koerber vertauschte einmal einen Monat lang die Rollen mit dreien seiner Lehrlinge: die Lehrlinge als Chef-Crew, der Chef als Lehrling (was neben guter Presse einige Innovation ins Geschäft des Einrichtungshauses brachte).

Heinz von Foerster formulierte als seinen ethischen Imperativ: »Handle stets so, dass die Anzahl der Möglichkeiten wächst«.

Robert Jungk (Mentor der Erkundungs-Methode »Zukunftswerkstatt«) ging jedes Jahr zu Silvester per Bahn allein auf eine Reise, stieg ungeplant und spontan an irgendeinem Bahnhof aus und klopfte bei irgendeiner fremden Familie an, fern seiner eigenen, und lud sich zum Nachtessen ein.

Marvin Weisbord (mit Sandra Janoff Autor der Lösungsmethode »Future Search«) dreht den Spruch »Don't stand there, do something« in den Rat »Don't do something, stand there«.

Harrison Owen (Originator der Lösungsmethode »Open Space«) empfiehlt: »Think of one thing more not to do«.

Was kann ich selbst tun, um der Selbstorganisation des Lebens Raum zu lassen und sie zu nutzen? Wenig, einfach wenig tun.

Wann immer ich etwas tue, das ich schon einmal getan habe: ein Element weglassen. Langsam sein.

Hören vor dem Reden, Zuhören vor dem Antworten.

Die eigene Geschwindigkeit der prozessimmanenten Geschwindigkeit anpassen. Pausen machen. Wenn es nicht weitergeht, ausatmen, Atem holen, den Platz wechseln, die Sicht wechseln, den eigenen Ort verlassen.

Nichts tun, ein Glas Wasser trinken.
Mit anderen sprechen, Mitspielern Raum geben.

Vorstellungen infrage stellen,
dem Ziel Bewegung lassen.

Fehler zulassen.

Kontrolle aufgeben.

Auf die Innere Stimme hören.

Dem Zufall trauen.

In allem:
einen Einklang finden und nutzen zwischen
»ich selbst« und »von selbst«,
zwischen Selbsterfahrung und Seinserfahrung!

Exercitium

Wanderer, kommst du in diese Welt,
so erlerne Verwandlung
von Vorhaben und Vorstellungen
nicht in Plan und Vorrangigkeit,
sondern in Gleich-Gültigkeit,
dass sie einmünden
in das Meer von Geduld,
aus dem sie aufsteigen,
wenn die Zeit reif ist –
irgendwann scheinbar plötzlich,
um dann, wichtig und gültig,
leicht wirklich zu werden.

Wird irgendetwas anders, wenn wir einverstanden sind, gar einstimmen in die Selbstorganisation des Lebens? Vielleicht. Vielleicht suchen wir dann nicht mehr nach »Schuld«, weder bei uns selbst noch bei anderen. Vielleicht ist das ein Beitrag zum Frieden in der Welt, weil Frieden ein möglicher Zustand der Welt ist.

Schritt halten

Kann man sich selbst überholen?

Zwischen Schule und Lehre wollte ich den Wehrdienst an Waffen verweigern und dafür Ersatzdienst leisten. Um mich für die Verweigerung fit zu machen, ging ich zu einem Anwalt, der, empfohlen von der Deutschen Friedensunion, Beratung und Testgespräch anbot. Meine Argumente auf dem Prüfstand wurden von ihm als wackelig bewertet und ich wurde mit dem Rat entlassen: »Junger Mann, gehen Sie mal hin, unterziehen Sie sich dem Dienst. Anschliessend werden Sie besser wissen und klarer zum Ausdruck bringen können als heute, warum Sie hatten verweigern wollen.«

Ich habe es nicht bereut, diesem Rat damals gefolgt zu sein, und ich habe einige prägende Erfahrungen während des Wehrdienstes als 18-jähriger junger Mann gemacht.

Eine Erfahrung, die besonders oft für mich selbst und für meine Beratungspraxis in Erinnerung kommt, bezieht sich auf die Frage, ob man sich selbst übertreffen kann beziehungsweise ob man eigentlich seine Grenzen kennt.

Also: Grundwehrdienst Luftwaffe. In der Nähe von Gifhorn, Lüneburger Heide. Nachts, drei Uhr. Trillerpfeifen, Wecken, Alarm, Kampfanzug. Alles raus! Antreten! Waffen übernehmen! Fertig zum Abmarsch! Marsch! Eine Nachtübung.

Wenn ich mich richtig entsinne, bestand meine Kompanie aus drei Zügen, nach Körpergröße gestaffelt. Ich gehörte als Kleinster der Großen zum 1. Zug, letzte Reihe. Damit war ich einer von dreien, die je ein Maschinengewehr M3 zu tragen hatten während des Marsches. Das ist ein Gewicht, zusätzlich zum normalen Marschgepäck, von reichlich 12 Kilo. Ein Eilmarsch bei Nacht, querfeldein über Stock und

Stein und Moos und Morast, das ist kein Spaziergang. Nach ungefähr zwei Stunden konnte ich nicht mehr, meinte, nicht mehr zu können, sprach mir gut zu, noch eine viertel Stunde, dann kann ich wirklich nicht mehr, dann muss ich Meldung machen. Nach weiteren 20 Minuten dachte ich, jetzt aber wirklich kann ich nicht mehr, und hielt kaum noch durch, wie aber sollte ich Meldung machen, bei dem Tempo des Marsches?

Endlich kurze Pause, ohne Ablegen des Gepäcks. Frage des Leutnants: Alles okay? 120 Mann rufen Ja! Auch ich. Will es weiter versuchen. Will ich? Muss ich? So ging das weitere sechs Stunden mit jeweils ganz kurzen Pausen, für mich immer wieder an dem Punkt der vermeintlich definitiven Grenze meiner Kraft, und doch ging es immer wieder weiter. Nach acht Stunden endlich der Befehl: Kompanie Halt, Biwak aufschlagen, volle Tarnung, Waffen in Stellung bringen! Da hatte ich dreizehn und mehr Grenzen meiner Kraft kennengelernt, deren jede ich für definitiv gehalten hatte. Unvergesslich. –

Erst später konnte ich mich darüber wundern, wie das geistig-körperliche Erlebnis von Selbst-Überwindung das Bewusstsein überdeckt, gar ausgeschaltet hatte, dass da Krieg geübt wurde, verharmlosend Wehrdienst genannt, den ich doch hatte verweigern wollen ursprünglich.

Ist das Schritthalten eine Frage des geistigen Gleichschritts einer Gemeinschaft? Gibt es Gleichschritt mit sich selbst? Kann man sich verlieren im Gleichschritt? Geht man nur mit der Zeit. Es gibt aber nicht nur eine Zeit. Mit welcher Zeit schreitet es sich am besten? Wie schreitet meine Zeit?

Ein Weg, ein Lebensweg entwickelt sich bis zu seinem Ende zwar unaufhörlich, aber nicht kontinuierlich, nicht in gleich bleibendem Rhythmus sondern, arrhythmisch, da kann man nicht einfach mitklatschen, nach dem Motto »Im Rhythmus man mit muss«, sondern da muss man genau hinhören, muss auf Überraschungen gefasst sein, kann den nächsten Schritt meist erst setzen, wenn er sich anbietet.

Kann man sich selbst überholen, den zweiten vor den ersten Schritt setzen? Wann muss man sich widersetzen? Kann man sich selbst übertreffen, etwas vollbringen, dessen man sich für unfähig gehalten hatte?

Kennt man sich selbst?
Weiß man, wozu man fähig ist?

Fehler

Wo Fehler fehlen,
fehlt das Leben

Beim Schreiben dieser Texte habe ich jeden einzelnen Text wiederholt mir selbst und anderen laut vorgelesen – mit dem Rotstift in der Hand. Denn bei jedem erneuten Lesen fand ich irgendeinen Fehler, der zu verbessern war, sei es eine Ergänzung oder eine Streichung, sei es aus Gründen der Logik oder der Dramaturgie oder sei es für den musikalischen Fluss der Sprache.

Dabei war die je vorige Fassung zum Zeitpunkt ihres Entstehens ohne Fehler gewesen. Man macht keine Fehler. Etwas ist immer nur nachträglich als Fehler zu erkennen oder für einen Fehler zu halten. Eine andere Sache ist es, wenn jemand mir zuschaut: Da lässt sich im Geschehen von außen anscheinend ein Fehler feststellen – von außen. Das ist dann Ansichtssache. Die kann der Betrachter dem Handelnden mitteilen und dieser kann den Fehler einsehen oder nicht: Ansichtssache.

Aus Mossul, der alten Stadt am Ufer des Tigris, wird berichtet, dass früher die Kalligrafen, mit selbstgeschnittener Rohrfeder schreibend, in den laufenden Text ab und zu mit Absicht Fehler hineinschrieben, um diese dann am breiten Rand unübersehbar und aufwendig verziert zu korrigieren. Dies soll zeigen: ich bin ein Mensch, nur Gott ist ohne Fehler. Welch ein Unterschied zu den roten Fehlermarken im Deutschaufsatz, wo menschliche Unvollkommenheit nicht gepriesen, sondern kritisiert und schlecht benotet wird!

Dieser Text hier hatte keinen Fehler – bis heute. Wenn ich ihn heute wieder lese oder vorlese, werde ich vermutlich Fehler finden, und wenn du ihn nächstens wieder einmal hörst oder liest, wirst du Fehler finden, wo ich heute keine Fehler sehe, logisch oder musikalisch oder orthografisch.

Fehler. Das ist zuerst eine Sache der Vereinbarung, dann eine Sache von Ansicht und Einsicht und schließlich eine Sache von Anspruch und Wirklichkeit. Vor allem aber ist es eine Sache von Vorher und Jetzt und Nachher, also eine Sache der Zeit: Was heute richtig ist, kann morgen ein Fehler sein, und was heute als Fehler erkannt wird, kann morgen oder in hundert Jahren sich doch als richtig erweisen.

Über Fehler beim Klavierspielen schreibt Ludwig van Beethoven an Carl Czerny, der Beethovens Neffen Karl unterrichtete:

Mein lieber Czerny!

Ich bitte sie, den Karl soviel als möglich mit Geduld zu behandeln, wenn es auch jetzt noch nicht geht, wie sie und ich es wünschen, er wird sonst noch weniger leisten, denn (ihn darf man das nicht wissen laßen) er ist durch die übele Austheilung der Stunden zu sehr angespannt, leider läßt sich das nicht gleich ändern, daher begegnen sie ihm soviel als möglich mit Liebe jedoch ernst. Es wird alsdann auch beßer gelingen bei diesen wirklich ungünstigen Umständen für K. – In Rücksicht seines spielens bej ihnen bitte ich sie ihn, wenn er einmal den gehörigen Fingersatz nimmt, alsdann im Tacte richtig wie auch die Noten ziemlich ohne Fehler spielt, alsdann erst ihn in Rücksicht des Vortrages anzuhalten, und wenn man einmal soweit ist, ihn wegen kleinen Fehlern nicht aufhören zu laßen, und selbe ihm erst beim Ende des Stückes zu bemerken; obschon ich wenig Unterricht gegeben, habe ich doch immer diese Methode befolgt, sie bildet bald Musiker, welches doch am Ende schon einer der ersten Zwecke der Kunst ist, und ermüdet Meister u. schüler weniger; [...] – ich wünsche, daß sie alles dieses mit der Liebe aufnehmen, mit welcher ich ihnen es nur gesagt und gedacht wissen will, ohnehin bin ich und bleibe ich noch immer ihr schuldner. – Mögte meine Aufrichtigkeit überhaupt ihnen zum Unterpfand der künftigen Tilgung derselben so viel als möglich dienen.

Ihr wahrer Freund
Beethoven

Alles was getan wird,
würde danach anders getan werden,
dann fehlerfrei.

Da es »dann« und »danach«
aber nur in der Vorstellung gibt,
gibt es auch »fehlerfrei«
nur in der Vorstellung.

Alles Handeln ist erstmalig, einmalig,
einzigartig, neu – und vorläufig
alles Handeln ist »jetzt«.

Das Jetzt *hat* keine Fehler,
das Jetzt *ist* der Fehler –
es fehlt der nächste Schritt.

Dem Jetzt fehlt die Folge,
der Fehler des Jetzt ist
die Bedingung für Folge und Wandel.

Folge und Wandel beweisen
nachträglich Fehler im Jetzt,
nachdem das Jetzt Vergangenheit wurde.

Ohne Fehler würde die Zeit stehen bleiben,
es gäbe kein Danach mehr,
das Leben käme zum Stillstand.

Nach und mit jedem Schritt
erzeugt sich aus dem Handeln
ein neues Jetzt – vorläufig,

dabei gibt es nur Fehlschritte –
denn jedem Schritt fehlt zunächst
der folgende Schritt,
damit wir lebendig in Gang bleiben.

Und so gesehen und angenommen,
ist jeder Fehler Beweis
und Bedingung des Lebens.
Wo Fehler fehlen, fehlt das Leben.

Lösung

Das Problem
ist die Schwangerschaft
der Lösung

Es gibt viele Lösungen – bis zum Moment der Lösung, dann nur noch die eine. Vorstellbar sind zuvor viele Lösungen. Vorstellung ist nicht Lösung. Schließlich ist die Entscheidung zu treffen. Hic Rhodos, hic salta. Schließlich muss ich doch springen. Da bleibt zwischen Sprung und Auftreffpunkt nur noch eine Richtung, eine Lösung – danach wieder weitere und auch andere. Im entscheidenden Moment aber gibt es nur eine Lösung.

Wer entscheiden will oder entscheiden muss oder wer meint, entscheiden zu müssen, oder zu dürfen, oder zu sollen, dem hilft es nicht, dass in der Vorstellung angeblich mehrere Lösungen möglich sind. Im Gegenteil: der Job wird schwerer, wenn man sich um alternative Lösungen kümmert statt um das Problem. Hinzu kommt, dass der Entscheider Teil des Problems wird, sowie er mit dem Problem befasst ist. Und, indem er Teil des Problems ist, ist er selbst auch Teil der Lösung.

Wenn er nun gar nichts tut, sich löst, loslässt, löst sich das Problem von allein, vermutlich auf andere Art, als der Entscheider sich das vorgestellt hat, beziehungsweise entschieden hätte. Das ist aber nicht der Beweis dafür, dass es mehrere Lösungen gegeben hätte. Denn die Lösung, die dann von selbst geschieht, erfolgt unter neuen Bedingungen, der Zeitpunkt ist ein anderer, das Problem hat sich verändert und damit die Lösung.

Scheinbar sind zwar oft Alternativen möglich und eigentlich immer finden sich Kriterien zur angeblich objektiven Entscheidung für eine der Alternativen. Ob man die Entscheidung aber objektiv nennen kann?

In der Beschreibung des Problems sind die Kriterien und in den Kriterien ist die eine Lösung des Problems längst enthalten gewesen. Wer das Problem beschreibt, und die Kriterien aufstellt, der bestimmt damit die Lösung, die letztlich einzige Lösung. Objektive Lösung und Eingriff des Menschen gibt es nicht zusammen. Menschlicher Verstand, Wahrnehmung und Sprache sind subjektiv, sind der Ort subjektiver Erschaffung von subjektiver Welt mit subjektiven Problemen und entsprechenden Lösungen.

»Objektiv« löst sich ein Problem nur, wenn es unerkannt war und ist. Der erkennende Mensch aber ist Teil des Problems und damit Teil der subjektiven Lösung. Je weniger er eingreift desto schlüssiger löst sich das Problem – von selbst, selbstorganisiert – und irgendwie dann doch auch unter Einbeziehung und Inanspruchnahme von Worten und Handlungen des Menschen. Das ist kein Widerspruch – oder ist doch ein Widerspruch und bleibt ein Widerspruch.

Es gibt für ein Problem nur eine Lösung, die im Problem enthalten ist, wo denn sonst. Problem und Lösung sind eines.

Wenn der Entscheider sich bescheidet, erfährt er Entlastung. Wenn er die Fähigkeit hat, »nur« genau hinzusehen und hinzuhören, dann wird er sehen: die angemessene Lösung bietet sich von selbst an. Problem inklusive Lösung entsteht und geschieht und vergeht als Entwicklung, für die in einer sehr langen, vermutlich unendlichen Wirkungskette längst Anklänge und Hinweise wahrnehmbar waren.

Der amerikanische Architekt Louis Sullivan, Autor des berühmten Zitats »form follows function«, hat es 1896 so formuliert: »*... meiner Überzeugung nach gehört es zum Wesen eines jeden Problems, dass es seine Lösung in sich selber trägt und sie andeutet. Ich glaube daran, dass dies ein Naturgesetz ist.*«

Die Auffassung von einer, wirklich nur einer Lösung eines Problems könnte beunruhigen, kann Abwehr erzeugen, wird leicht als deterministisch, ja fatalistisch verstanden, und eifrig wird die Prediger-flagge vom freien Willen des autonomen Menschen gehisst.

Ein Freund schrieb mir: »... wenn ich doch sage: es gibt mehrere Lösungen und ich muss mich einfach für eine davon entscheiden, dann erhält das letztlich meine Freiheit. Ich kann mich übrigens in meinem Leben aber nur an einen einzigen Moment von maximal 5 Minuten erinnern, wo ich mich in der Entscheidung absolut frei gefühlt habe. Im Rest der Fälle habe ich mich immer durch Gründe genötigt gefühlt, so oder so zu handeln. Zu diesen Gründen zählten natürlich auch Bedürfnisse. Das ist natürlich auch eine Frucht dieses Elternhauses, wo nichts gegolten hat als Gründe. Man musste alles begründen. Die Aussage: ›weil ich das will‹ zählte absolut nichts (außer natürlich für meine Eltern).« Ich habe entgegnet, ob nicht das, was damals als »Nötigung« empfunden wurde, ganz einfach Notwendigkeit, Führung oder Fügung oder Zufall gewesen sein kann und einfach das jeweils Nächstliegende war, wenn auch abweichend von einer ursprünglichen Vorstellung? Und wie war wohl der einzige Moment von 5 Minuten in angeblich freier Entscheidung in Wirklichkeit?

1960 schrieb der österreichische Architekt Friedrich Kiesler in New York: »*...jedes Problem, groß oder klein, setzt eine ungeheure Demut voraus – die Demut zuzulassen, dass es uns mitteilt, was es von uns erwartet, und nicht, dass wir dem Problem mitteilen, wie es gelöst werden soll. Es entwickelt sich aus seinem eigenen inneren Konzept, dem wir zuhören und das wir verstehen müssen ...*«

Gefälle

Über zufällig, abfällig, gefällig und fällig

Als Kinder haben wir Staudämme gebaut im Waldbach, um zu baden und dann den Überlauf als kleinen Wasserfall zu betrachten, schließlich den Damm einzureißen und zuzuschauen, wie das Gefälle des Baches erst in heftige Wirbel und dann wieder in ruhigen Fluss kam.

Alles hat mehr oder weniger Gefälle, der Schwerkraft folgend. Jedes Ereignis hat eine Tendenz. Jede Handlung hat eine eigene Richtung.

Ob etwas oder jemand mir gefällt oder nicht gefällt, ob jemand an mir Gefallen findet, das ist bestimmt durch das Gefälle der Energie zwischen uns, das Gefälle der Umstände, des Ereignisses, der weiteren Personen, die im Spiel sind, zufallend oder abfallend. Das Gefälle erzeugt Bewegung, Verbindung, Wandel, Gefälle lässt alles fliessen.

Manchmal geht aber scheinbar nichts weiter. Stau. Innovationsstau. Gedankenstau, Depression, Trauer, eine Krankheit. Dann hilft nur genaue Betrachtung, um auch noch die kleinste Bewegung wahrzunehmen, auch das geringste Gefälle zu bemerken. Vielleicht ist zu bemerken, dass es Grund gibt für den Stau. Vorübergehend hat eine andere, bisher unbemerkte Bewegung Vorrang genommen, oder ein Hindernis steht gegen die Bewegung. Dann ist die Bewegung im Druckaufbau, bevor es weitergeht: Fieber im Prozess der Heilung, Atemholen vor dem Ausruf. Ruhe vor dem Sturm.

Etwas gefällt mir, es kommt mir entgegen, ich befinde mich in der Fallrichtung des Geschehens, es fällt mir zu, fällt mir schier in den Schoß. Fast wie Sterntaler muss ich nur noch die Schürze aufhalten. Ich muss mich nicht anstrengen, brauche nur noch willkommen zu sagen, anzunehmen. Keine Frage, ob ich gemeint bin, ob es mir zusteht. Es steht nicht, es kommt, kommt auf mich zu. – Selbst die Frage, ob etwas mir steht, meint vielleicht nicht Stand oder Stehen, sondern meint Bewegung, meint, ob etwas in Richtung meiner Bewegung und Beweglichkeit förderlich ist.

Etwas oder jemand gefällt mir nicht, ein Ereignis, eine Erscheinung eine Person bewegt sich fort von mir. Bewegt sich, eigenem Gefälle folgend, fort von mir, abfallend. Ich kann meines Weges gehen, muss nichts tun, muss mich nicht aufregen. Wenn ich mich aufrege, mich ärgere über etwas oder jemanden, das oder der oder die mir nicht gefällt: wozu der Aufwand? Aufwendig erzeuge ich einen Stau gegen das gefällige Abfließen dessen, das mir nicht gefällt. Woran und wohin ich keinen Gefallen finde, das will ich nicht aufhalten, kann es seinem eigenen Gefälle überlassen, fort von mir.

Mitunter tut Aufregung gegen das Gefälle aber auch gut. Dann spürt man sich, kommt in Fahrt, in Bewegung, »Reg dich doch nicht so auf.« »Aber, ich bin nicht aufgeregt, ich bin angeregt!« Da staut sich etwas, um danach in Fluss zu kommen, man spürt, dass es weitergehen kann mit einem selbst. Man hat am Leben und an sich selbst neuen Gefallen.

Klavier spielen

Über Können und Nichtkönnen

Hans: »Ich kann nicht Klavier spielen.«

Karl: »Wie meinst du das?«

»Na ja, Klavier spielen eben, Chopin, an Elise, Flohwalzer und so. Ich bin einfach unmusikalisch.«

»Das sagst du so.«

»Ja, echt. Leider.«

»Hast du's schon mal mit Nichtklavierspielen versucht?«

»Nichtklavierspielen? Wie meinst du das? Nichtklavier? Wie soll das gehen?«

»Ja, ich kann das: Nichtklavierspielen. Willst du es hören? Aber du wirst vielleicht enttäuscht sein.«

»Na, mach mal.«

Karl setzt sich ans Klavier, klappt den Deckel auf, schaut vor sich hin, schließt die Augen, wartet, hebt schließlich eine Hand in Richtung der Klaviatur und drückt mit dem Zeigefinger eine weiße Taste nieder, so dass ein Ton erklingt, hält die Taste gedrückt, so dass der Ton weiterklingt, bis er verklingt. Hans schaut fragend. Karl schaut nicht auf. Nach einiger Zeit wiederholt Karl die Bewegung der Hand jedoch zu einer Klaviertaste im Tonabstand einer Quinte, lässt diesen Ton klingen und verklingen, schaut Hans an, Hans schaut Karl an, fragt »Und?«, Karl sagt: »Das frage ich dich! Was meinst du, welchen Ton ich als Nächstes spielen werde, falls du noch noch Lust hast?«. Hans sagt: »Na spiel mal. Ich sage dann, ob es das war, was ich erwartet habe.«

Karl hebt die Hand, tritt mit dem rechten Fuß das rechte Pedal, senkt die Hand und drückt kurz eine Taste im Tonabstand einer Sekunde zum zuletzt gespielten Ton, hält das rechte Pedal gedrückt, so dass der Ton anhaltend weiterklingt. »Und?« fragt er in den Klang hinein. »Nö,« sagt Hans, »das hätte ich nicht erwartet.« »Welchen hättest du denn erwartet?« »Ich hätte einen anderen Ton erwartet.« »Na, sing ihn mal« sagt Karl und lässt das Pedal fahren, so dass der Ton, der von Hans nicht erwartet worden war, abrupt endet.

Hans räuspert sich und singt den erwarteten Ton. Es ist die Quarte über dem an zweiter Stelle gespielten Ton und damit die Oktave zu dem zuerst von Karl gespielten Ton.

»Prima! Genau!« sagt Karl, »das wäre die perfekte Ordnung gewesen: Prime, Quinte, Oktave: zweite, dritte und vierte Stufe der Obertonskala. Du hast einen verlässlichen musikalischen Ordnungssinn.« »Ich? musikalisch? Ist mir neu! – Aber wolltest Du mir nicht zeigen was Nichtklavierspielen ist?«

Einer sagt: »*Ich kann nicht singen. Aber ich kann nichtsingen. Ich freue mich am Nichtsingen, kann brummen, schweigen, hören, schreien und kann singen lassen.*«

Ein anderer sagt: »*Ich kann nicht reden. Aber ich kann nichtreden. Ich freue mich am Nichtreden, kann schweigen, schreiben, zuhören, kann reden lassen, und ich singe im Chor.*«

Und jemand sagt: »*Ich kann nicht malen. Aber ich kann nichtmalen. Ich freue mich am Nichtmalen, kann schauen, fotografieren kann ich auch, kann malen lassen. Und ich sammle schöne Bilder.*«

»*Ich kann nicht kochen,*« meint Paul, und sagt: »*Ich kann aber nichtkochen. Ich freue mich am Nichtkochen, kann gut einkaufen, abwaschen kann ich auch, Tisch decken und ich lade gern Freunde ein, die bringen dann was mit.*«

Gerlinde sagt: »*Ich kann nicht schlafen. Aber ich kann nichtschlafen. Ich freue mich am Nichtschlafen, kann umhergehen, nachdenken, Korrektur lesen, schreiben, aufräumen, kann Radio hören, kann malen und Rainer kann einen Pudding kochen für uns beide mitten in der Nacht. Ist das nicht super?!*«

Blickwinkel

Meine Sicht
erzeugt meine Welt

Ein Sohn besucht nach Jahren in der Fremde sein Elternhaus. Man geht zu Tisch ins Esszimmer, das immer noch in der selben Möblierung steht, wie vor Jahren. Man setzt sich. Vater, jüngere Schwester, Onkel, Tante und ein Cousin. Der Sohn kommt auf den Platz zu sitzen, auf dem zu ihren Lebzeiten die Mutter immer saß. Man redet von früher und wie sich alles gewandelt hat und was aus jedem geworden ist. Der Sohn auf dem ungewohnten früheren Platz der Mutter sagt: »Von diesem Platz aus sehe ich ja ganz anderes, ja, von hier aus erscheint mir die ganze Welt anders. – Welche andere Kindheit hätte ich vielleicht mit diesem Ausblick gehabt. – Und wie anders wäre vielleicht mein ganzes Leben verlaufen, wenn ich von hier aus in die Welt und ins Leben gesehen hätte.«

Seit ich diese Geschichte kenne, nehme ich in Veranstaltungen als Teilnehmer gern nach der Pause einen anderen Platz ein als den, auf dem ich bis zur Pause gesessen hatte – und zwinge damit die oder den, der oder die zuvor dort gesessen hatten, auch ihrerseits beziehungsweise seinerseits zu wechseln, was zu weiteren Wechseln von Plätzen auch weiterer Teilnehmer führt, manchmal sogar zu Protest: »Entschuldigung, das ist mein Platz«, worauf ich erwidere »Das war dein Platz«. Man macht sich nicht beliebt damit.

Leichter und freiwillig geht es, wenn ich als Begleiter einer Veranstaltung zum Wechseln der Plätze auffordere und dies begründe: Neue Sicht, neue Welt.

Jede Sicht eine Welt für sich.

Steinspiel

Eine Übung zum Staunen

Allein oder zu zwei'n oder zu vielen kannst du mit nur einer Handvoll gefundener Steine spielen auf einem Tisch oder am Boden oder am Strand, fast ohne Regeln – und jeder gewinnt.

Die Zahl ist egal: Fünf oder neun oder sieben, auch weniger oder mehr, ganz nach Befinden oder Belieben. Und Größe und Farbe und Form sind zwar von Belang, aber ohne Bedeutung und es geht nicht ums Siegen.

Das Spiel hat Zeit und gibt Zeit, indem es zwar irgendwie anfängt als Zufallsordnung der geworfenen Steine, dann aber offen und eigentlich endlos nicht auf Sieg, sondern auf Dauer gespielt wird. Die einzige Regel heißt »Langsamkeit und Bodenhaftung«.

Langes Betrachten jeder Konstellation und, nach langer Weile, sehr langsames Ziehen nur eines Steines in eine andere Position, irgendeine, neu bestimmend die Beziehung aller Steine – für eine erneut lange Betrachtung.

Gewinn liegt in jedem Zug und in jeder Konstellation: je länger betrachtet und je langsamer gezogen desto höher ist der Gewinn.

Der Gewinn ist eine Erkenntnis, die hier nicht verraten wird, die sich einstellt als erstaunliche Überraschung, wenn du spielst so langsam du kannst, allein oder zu zwei'n oder zu vielen mit nur einer Handvoll gefundener Steine.

Schweigen

Aus der Heimat der Sprache

Schweigen ist das, was schon vor dem Leben war und das nach dem Leben bleibt, es ist das Unsterbliche des Lebens, es ist die Tiefe unter der Sprache, unter dem Sprechen. Nicht klanglos ist das Schweigen, denn der Klang des Schweigens ist der Atem.

Verlöscht auch dieser, oder ist dieser noch nicht entfaltet vor der Geburt, so ist doch das reine Schweigen noch und schon da. Immer.

Schweigen ist der Eingang zum Leben, Schweigen ist der Ausgang aus dem Leben, Übergang in beidem, Brücke. Was hineinträgt in das Leben und was hinausträgt aus dem Leben, das ist die eigentliche Tragkraft während des Lebens. Jedes Wort, jede Phrase, jede Behauptung, jede Frage, jeder Ausruf müsste Gültigkeit eigentlich daran beweisen, inwieweit ein Schweigen darin oder davor oder danach Raum hat. Wo dieser Raum nicht ist, lohnt nicht das Hinhören und lohnt keine Antwort.

Worte ohne Schweigen sind leer. Das Schweigen ist wesentlicher Teil der Sprache. Im Schweigen taucht das auf, was schon vor der Geburt war, das Werden, und das, was nach dem Leben sein wird, das Vergehen, und all das des Lebens, das sich Worten und Sprache entzieht, das meiste.

Schweigen ist die offenste Kommunikation, die überhaupt denkbar und realisierbar ist. In nichts ist man einander näher als im Schweigen. Eben weil es eine gegenseitige Offenbarung der beiderseitigen Dauer zwischen Werden und Vergehen offenlegt.

Schweigend hören. Schweigend schreiben, schweigend lesen. Dem Klang des Schweigens lauschen, sehr genau lauschen und spüren, wie in immer genauerem Lauschen der Atem sich langsam verdeutlicht zu Klang, zu Summen, zu Gesang, zu gesanglicher Sprache, zu Sprache in Worten. Entfaltung der Sprache aus dem Schweigen.

Wie die gesprochen klingenden Worte ihre Resonanz aus dem Raum des Schweigens erhalten, so braucht das Schweigen, gewissermaßen als Widerstand, die Sprache, um überhaupt wahrgenommen werden zu können. Tanz der Sprache im Raum des Schweigens.

Also, schweige nicht, wenn Sprechen dran ist. Brich das Schweigen, das verschweigt. Ergreife das Wort, das befreit.

Sprich!

Erledigt

Über Tatendrang und Seinlassen

Muss ich mich damit abfinden,
dass ich immer noch nicht erledigt habe,
was ich schon längst erledigt haben wollte?

Muss ich mich damit abfinden,
dass jemand anderes das erledigt,
was ich selbst hatte erledigen wollen?

Muss ich mich damit abfinden,
dass jemand es anders erledigt,
als ich es erledigt hätte?

Und – muss ich sehen,
dass ich vieles erledige,
das ich nicht vorhatte zu erledigen?

Vieles, was ich noch nicht erledigt habe,
aber schon längst erledigt haben wollte,
erledigt vielleicht jemand anderes,
zwar anders als ich es erledigen würde,
aber vielleicht einfacher und leichter,

denn, dass es bei mir noch unerledigt ist,
liegt vielleicht daran, dass ich an einer Vorstellung
festhalte, wann und wie es getan werden müsste,
anstatt zu warten auf die rechte Zeit,
wenn es von selbst oder mit anderer Hilfe
einfach und leicht sich erledigt
oder erledigt wird – so oder anders.

Derweil könnte ich jemand anderem
etwas von dem erledigen,
das dieser schon längst
erledigt haben wollte, um es,
wenn auch anders als von ihm vorgestellt,
einfach und leicht zu erledigen.

Aber,
ich darf es auch liegen lassen,
es einfach so lassen, wie es ist,
auch mich selbst!

Mitleid

Geteiltes Leid ist halbes Leid?

Freude zu teilen, das geht wohl relativ einfach durch Mitteilung an jemanden, der sich mitfreuen kann oder soll oder darf, wobei der größere Anteil der doppelten Freude vermutlich doch bei dem Freuer bleibt.

Leid zu teilen, dem Sprichwort entsprechend gar zu halbieren, das erscheint aber wesentlich schwerer. Liegt der Unterschied zwischen Freud und Leid vielleicht darin, dass Freude natürlicherweise nach außen und zu Mitteilung drängt, Leid aber Bedrängnis ins Innere ist und daher kaum mitteilbar geschweige denn teilbar ist?

»Mann, wie kannst du nur so ruhig bleiben
angesichts dieses Elends!«

»Es berührt mich nicht.«

»Was? So kaltherzig bist du! Hast du denn
gar kein Mitleid!«

»Nein, ich spüre kein Mitleid.
Ich bin nicht berührt.«

»Ja, aber damals als du so geweint hast, obwohl
du doch gar nicht dabei warst bei dem Unglück
in den Bergen!«

»Ja, das hat mich berührt.«„

»Wieso – ?«

»Es ist nicht meine Entscheidung,
berührt zu sein. Es entscheidet sich selbst,
mich zu berühren.«

Begleitung im Wandel

Victors Gesang

Ich lebte damals für die Dauer eines halben Jahres über den Winter in einem kleinen Dorf im Südosten Andalusiens nahe der Küste. Winter, das bedeutet: keine Touristen, das Dorf ist unter sich, nur noch das Barecillo ist geöffnet, die älteste Bar des Dorfes. In dem Winter jenes Jahres war das Dorf aber doch nicht nur unter sich, im Gegenteil, eine Invasion von Bergleuten mit ihren Familien aus dem Norden Spaniens war einquartiert worden in den Wohnungen, die im Sommer sonst für Touristen bereitstehen. Anlass waren erneute Probebohrungen auf der Suche nach Gold im weitläufigen Berggelände der historischen Mine, deren Betrieb in den frühen 60er-Jahren eingestellt worden war. Gearbeitet wurde Tag und Nacht. Der Schichtwechsel fand im Barecillo statt, morgens mit dem ersten Café con Leche, oder Carachillo, Café mit Weinbrand, und abends mit Bier, in große Krüge gezapft oder einigen Flaschen Vino tinto unter einander ausgeschenkt in Gläsern. Die einen kommen verschmutzt, müde aus den Bergen, die anderen im frischen Blaumann, der dort Mono heißt, kommen ausgeruht aus den Wohnungen und fragen nach Neuigkeiten aus der eben beendeten Schicht.

In jenen Tagen und Nächten war anhaltender Sturm, Poniente, ein Sturm, gegen den man sich im Freien fast nicht aufrecht halten konnte, so dass die Männer an diesem Abend besonders erschöpft von der Schicht kamen. Die Tür des Barecillo wurde von jedem Eintretenden sofort hinter sich zugezogen gegen den Sturm. Ich, einzige Nichtspanierin und einzige Frau, stand an der Bar mit José, unserem alten Freund im Dorf, alle anderen waren Bergleute, Männer.

Neben mir, ein besonders kleiner und zarter Mann sagte: »Mir war heute in den Bergen wie einem Vögelchen, un pajarillo, der Wind hat gemacht mit mir, was er wollte.« Auch die anderen erzählten viel von diesem besonders anstrengenden Tag. Es war laut, Stimmengewirr, vermischt mit den Geräuschen von Flaschen und Aschenbechern und Gläsern und Tellern. Die neue Schicht musste nun hinaus, die Vorigen blieben länger als sonst, wollten selbst die wenigen Schritte durchs Dorf noch nicht wieder durch den Sturm nach Hause zur Cena, dem familiären Nachtmahl.

Irgendwann begann einer zu singen, mehr Sprache als Gesang zunächst, sang vom Sturm, von den Bergen, von der Härte der Arbeit, von der Frau, den Kindern, von den einfachen, so schweren Dingen, vom Tod.

Ein anderer beginnt eine Begleitung durch Klatschen im Rhythmus der Worte, um zum Gesang zu ermuntern, zu jenem rau ausufernden Gesang, Canto Jonde, der die Stimme verbindet mit der Leidenschaft unter der Oberfläche alltäglicher Mühen. Und der Sänger geht hinein in den Gesang, das Klatschen hört auf, der Wirt hört auf zu zapfen, die Ventile der Espressomaschine bleiben geschlossen, keine Bestellung mehr, keine Bedienung, auch aus der Küche kein Klappern mehr, niemand kann gehen, wie gefangen sind alle zunehmend aufmerksam für die Steigerung des Gesanges. Der singt, ist jener zarte Mann, der wie ein Vögelchen mit dem Sturm gekämpft hatte. Anfangs singt er den Umstehenden zu, dann erfasst ihn Leidenschaft, hebt ihn über das schweigende Lauschen der Kumpel, er schließt die Augen, löst sich, – da legt der hinter ihm Stehende die Hand auf die Schulter des Sängers, gibt Halt, ohne ein Wort, verbindet die Einsamkeit des Sängers mit der Gemeinsamkeit der Zuhörer, gibt Begleitung für das Wagnis, bis an die Grenze der Stimme und der Stimmung im Raum zu gehen – Begleitung für den weiteren Gesang, der immer dichter und leidenschaftlicher wird. In den kurzen Pausen zum Atemholen, bleibt die Hand auf der Schulter, der Sänger schaut auch nicht auf, wer ihm den Halt gibt, er sammelt sich neu. Kein Korken könnte ungehört zu Boden fallen. Er singt weiter, geht tiefer und weiter in den Gesang, leise, sehr leise, dann lauter, sehr laut dann, die Stimme steigt, klettert in schmerzliche Höhen, bricht ab, setzt neu an, dehnt die Endungen, – mi vidaoou – mi muerteiou – Canto Jonde – wohl insgesamt eine Stunde. Alle haben die Zeit vergessen.

Als er abbricht und dann die Augen öffnet, bleibt Stille einige Zeit. Die Stille ist der Applaus. Noch immer liegt die Hand des Begleiters auf der Schulter, wie, um ihm auf dem Weg zurück in den Alltag noch Halt zu geben. Dann zunächst leise mehr und mehr Stimmen, Lachen, Gespräche, Erleichterung, Freude, eine erste neue Bestellung, und weitere, der Betrieb kommt wieder in Gang, das Leben geht weiter. –
Es ist etwas geschehen. Einer nach dem anderen und in Gruppen verlassen die Männer schließlich die Bar, hinaus in die Dunkelheit und durch den noch immer anhaltenden Sturm zu ihren Häusern zum Nachtessen, der Cena. Der Sänger hieß Victor.

Lösung und Festung

Es gibt nur Lösungen.
Selbst die festeste Festung
öffnet sich oder zerfällt
irgendwann.

Selbst der festeste Charakter
weint einmal, irgendwann,
oder zerbricht.

Erhörung

Das Ohr ist der Ort der Liebe

Ich höre dir zu
und damit ge-höre ich dir,
denn wohin sonst will ich ge-hören,
in diesem Moment,
in dem deine Worte mich erreichen.

Das Ohr ist der Ort der Liebe,
das empfangende, offene Ohr.
Darum vielleicht ist auch Schweigen so ergreifend,
weil es das Ohr wie von innen berührt.

Selbstverständlich

Die Geschichte vom »Ach!«

Kann etwas selbstverständlich sein? Ja. Zum Beispiel sollte ein Gerät in seiner Funktionsweise selbstverständlich sein, selbsterklärend ohne Gebrauchsanweisung. Leider ist das selten der Fall. Kann eine Meinung, eine Aussage im Gespräch selbstverständlich sein? Ja, wenn gegenseitig Begriffe, Zusammenhang und Stimmung für eine bekannte Situation zuvor geklärt sind. Von allein aber ist nichts selbstverständlich, nicht einmal verständlich. Und sich emotional zu verstehen, heißt noch lange nicht, dass man sich auch handlungsorientiert richtig versteht.

Jede Botschaft zwischen Sender und Empfänger durchläuft einen Weg der Verwandlung von der Aussprache bis zur Erhörung. Hinzu kommt für beide Seiten ein Vorweg und ein Hernach. Der Sender, der Autor, plant und denkt die Botschaft früher und anders als schließlich ausgesprochen (»so habe ich das nicht gemeint«). Der Hörer, Leser, Empfänger muss der eintreffenden Botschaft Raum und Bereitschaft geben, wenn er sie verstehen will und muss Erwartung, Neugier, Ablehnung oder Vermutung mit der eintreffenden Botschaft in Einklang bringen.

Die Botschaft besteht nur zum Teil aus überprüfbaren oder gar wiederholbaren Zeichen, Worten, Bildern, sie ist umrauscht von unspezifischer Information und sie ist, im direkten Gespräch, befördert durch Klangfarbe, Betonung und Mimik und Gestik. Kein Wunder, wenn mehr Missverständnisse als Selbstverständlichkeiten entstehen. Verständlichkeit, gar Einverständnis entsteht erst durch Übereinkunft. Und auch die gilt kaum unbeschränkt, sondern muss für neue Situationen neu hergestellt werden.

Die Geschichte vom »Ach!«

Wenn sie früher von der Arbeit nach Hause kam und erzählte, was sie erlebt hatte, was sie belebt oder ermüdet hatte und was sie bewegte, dann war oft die Reaktion ihres Mannes ein »Ach!«, was sie als besserwisserisch, ja wegwerfend empfand und sie fühlte sich nicht ernst genommen, ja, zurückgestoßen.

Die Frau hat jetzt einen anderen Mann. Von ihm fühlt sie sich ernst genommen, fühlt sich verstanden in der Verwunderung über die Dinge, die ihr widerfahren oder die sie von anderen Menschen erzählt.

Sie hat den Eindruck, dass dieser Mann ihr zuhört, sich einfühlt in das, was sie bewegt, ein Mann der staunen kann, ein Mann, der sie ermuntert, weiterzuerzählen.

Der Mann hat ebenfalls die Angewohnheit, mit einem »Ach!« zu reagieren – um sein Erstaunen, sein Interesse und die Ermunterung zum Weitererzählen zum Ausdruck zu bringen.

Zwei Männer? Was ist der Unterschied? Es ist ein und derselbe Mann – nach einem Gespräch der Klärung über die verschiedenen Möglichkeiten, das Wörtlein »Ach!« wegwerfend besserwisserisch oder ermunternd und staunend zu verstehen.

Aushalten

Zuhören
statt Antworten geben

»Du redest zu viel, fällst mir ins Wort, hast immer gleich eine Antwort, bevor ich meine Frage auch nur selbst verstanden habe.« »Okay, ich schweige.« »Nein, darum geht's nicht! Ich meine nicht schweigen. Ich meine zuhören, nichts sagen, einfach nur zuhören. Damit wäre mir wirklich schon sehr geholfen. Ich komm' dann schon selbst auf die Antwort.«

Kann man das aushalten: zu schweigen, wenn eine Frage im Raum steht? Man meint mit dem klaren Blick von Außen die Frage erkannt zu haben und man meint, zu erkennen, wie die Antwort doch auf der Hand liegt. Kann man aber einer fremden Frage die Antwort geben? Gehört nicht auch die Antwort dem Fragenden? Die Antwort liegt in der Frage. Oft ist eine Frage auch Vorhang vor einer eigentlichen Frage, die sich noch verbirgt. Die Antwort von außen behindert die Entwicklung der Frage zur eigenen Antwort.

Eine Kollegin berichtet aus ihrer Beratung in Projekten in verschiedenen afrikanischen Staaten: Als Wichtigstes habe sie gelernt, dass manchmal nichts bleibt als einfach nur noch Aushalten. Aushalten, dass eine Situation so verfahren, so chaotisch, so voller Schrecken ist, ohne Möglichkeit zu gutem Rat, ohne Aussicht auf Lösung. Die bloße Anwesenheit, das Hinschauen, das Zuhören als Zeuge ist dann Hilfe, die einzig mögliche Hilfe, bis andere Hilfe möglich wird. Im Aushalten entsteht Nähe zur Not. Nähe ist Voraussetzung zum Verstehen, auch eine Voraussetzung dafür, dass später Rat und Lösung angenommen werden kann, weil aus der Situation heraus entwickelt und in Gang gesetzt.

Schnelle Antworten wirken vielleicht schnell, aber meist nur kurze Zeit. Aushalten und Zuhören, aus Fragen weitere Fragen und daraus langsame Antworten entstehen lassen, das braucht Zeit und das wirkt für lange Zeit.

Jetzt

Das Jetzt
hat keinen Untertitel

Jederzeit kommst du,
ohne Auskunft zu geben
über Woher und Wohin und Warum!
Bist einfach da! Ungerufen!
Was bringst du uns aber
und was hast du vor mit uns,
jetzt, nach allem und vor allem,
eben jetzt?

Während wir fragen und warten,
spielst du dich auf als Gegenwart,
die aber haben wir so nicht erwartet,
zweifeln auch, ob überhaupt Zeit ist
für Gegenwart als ausführliches – Spiel,
wo du doch eben noch Zukunft warst
und bereits wieder Herkunft wirst
als Vergangenheit, endgültig.

Eben erst beginnen wir, in Gang zu kommen,
um das Jetzt zu entfalten –
unsicher darüber, wie das wohl gehen mag:
Als »carpe diem« in Zeitlupe oder aus voller Pulle
mit Ausrufen »ach sieh doch, ach wie schön!«,
oder als Meditation im Lotussitz,
oder mit frohem Weckruf
»Macht hoch die Tür, die Tor macht weit,
dies ist der Tag der Herrlichkeit!«?

Ein ganzer Tag lang Jetzt?
Wie viel Jetzt passt in einen ganzen Tag,
und was geschieht in der Nacht?
Vielleicht ist jedes Jetzt immer genau ein Atemzug,
Einatmen, Ausatmen und die Pause dazwischen.
Vielleicht ist sogar nur die Pause das Jetzt,
und solange ich meines Atems gewahr bin,
lebe ich – jetzt.

Vielleicht ist das ganze Leben ein einziges Jetzt,
Vergangenheit und Zukunft nur Vorstellung.

Verbraucht sich das Jetzt, kann es alt werden?
Ist je ein Jetzt vorbei?
Ist irgend etwas neu? Ist alles neu? Alles?
Jetzt? Eben jetzt?
Jetzt!

Befangenheit

Das Kleid der Motivation

Ein wissenschaftlicher Kongress mit Podium und Publikum. Dr. Dr. h.c. Ehrenwert hält einen wissenschaftlichen Vortrag: Fakten, Fakten, Fakten, gemessen, bewiesen, bewertet. Das Publikum hört zu, still, geduldig. Der Vortrag dauert, zieht sich hin. Die ein und andere schaut unauffällig auf die Uhr. Da wagt jemand im Publikum einen Zwischenruf: »Bitte, ich möchte Sie nicht unterbrechen, aber sagen Sie uns doch, zum besseren Verständnis, was Sie ganz persönlich mit dem Thema Ihres Vortrages verbindet, was motiviert Sie zu Ihrem Thema?« Dr. Dr. h.c. Ehrenwert stutzt, ist irritiert, einige Zuhörer lachen, ein Zuhörer protestiert: «Das ist eine unwissenschaftliche Frage, das gehört nicht zum Thema!« Es kommt Leben in die Versammlung, Podium wie Publikum, Irritation und Neugier. Dr. Dr. h.c. Ehrenwert lässt sich auf die Frage ein. Er erzählt, wie er als Schüler mit einem Lehrer in Streit geriet über die Frage, ob das, was man gelernt habe, man auch wissen müsse. Darüber kam er mit seinem Vater in Streit, zog daraufhin zu seinen Großeltern, dort fand er ein Buch, in dem behauptet wurde ... – «.

Er verliert sich, kommt vom Hölzgen auf Stöcksgen tiefer ins Private hinein, einzelne Zuhörer beginnen zu lachen, bis der erste Zwischenrufer sich jetzt ganz offiziell zu Wort meldet: »Mit anderen Worten, Ihr Thema ist eigentlich aus sehr privaten Anlässen und Motiven heraus entstanden. Dazu möchte ich Sie fragen: Gibt es nach Ihrer Meinung eine Grenze zwischen subjektivem Interesse und objektiver Forschung? Halten Sie sich für unbefangen?« Soweit zunächst der Kongress.

Unbefangenheit gilt als oberstes Gebot in der Wissenschaft. Befangenheit gilt als Tabu, gilt als Ausschlusskriterium in der Rechtsprechnung wie für der Mediation. Unbefangenheit gilt als Voraussetzung für jeden Gutachter wie für die Jury eines Wettbewerbs. Unbefangen soll der Schiedsrichter auf dem Spielfeld entscheiden, unbefangen soll ein Zeuge Zeugnis leisten.

Ist Unbefangenheit so umfassend und so unbedingt verlangt, weil Unbefangenheit natürlicherweise gar nicht möglich ist, weil der Mensch von Natur aus befangen ist? Wo und wann ist Befangenheit eigentlich erlaubt?

Zum Wort »befangen« finden sich in der lexikalischen Website www.synonyme.woxikon.de einundzwanzig Bedeutungen und zweihundertfünfundfünfzig Synonyme von a-»angstvoll« bis z-»zaghaft«, alle, bis auf zwei, emotional negativ assoziiert. Nur zwei Synonyme sind genannt, die Positives assoziieren, nämlich »lebhaft« und »leidenschaftlich«. Diese beiden Synonyme sagen: Befangenheit ist Leben, Befangenheit ist Leidenschaft.

Erziehung und Erfahrung plus mein biologisches Erbe, die Gene, machen mich befangen in meinem Denken, in meiner Wahrnehmung und in meinem Handeln.

Befangenheit ist nicht zu verbergen, sondern zu erkennen, zu bekennen und zu benennen, um sich selbst und anderen kenntlich und verständlich zu sein. Die eigene Befangenheit offen zu zeigen, macht auch dem Gegenüber Mut, seine Befangenheit zu entdecken, statt sie zu leugnen. Befangenheit ist das innere Gewand, die mentale Kleidung einer Person:

»Ich sage das als jemand, die ...« »Ich sehe das so, weil ...« »Mit meinem Background verstehe ich das so ...«

Befangenheit ist nicht Gefangenschaft. Befangenheit ist Halt und Rückhalt für meine Haltung, für mein Handeln, für meine Bewegung. Der Bewegung entspricht die Motivation.

Das heißt am Arbeitsplatz: Mitarbeitermotivation kann nur funktionieren, wenn die Impulse der Arbeit Widerhall finden in der Befindlichkeit der Personen, Widerhall finden im Gefilde von Erfahrung und Bindung, eben in der Befangenheit der Mitarbeiter.

Und für einen Kongress heißt das: Zuhörermotivation kann nur funktionieren, wenn die Impulse des Vortrages Widerhall finden in ihrer Befindlichkeit, im Gefilde von Erfahrung und Bindung, eben in der Befangenheit der Zuhörer und Zuhörerinnen. Und in der Schule bedeutet das: Schülermotivation kann nur funktionieren, wenn die Impulse des Unterrichts Widerhall finden in der Befindlichkeit, im Gefilde von Erfahrung und Bindung, eben in der Befangenheit der Schüler und Schülerinnen.

Und für die Politik heißt das: Die Motivation zur Teilnahme an Wahlen kann nur funktionieren, wenn die Impulse der Politik Widerhall finden in der Befindlichkeit, im Gefilde von Erfahrung und Bindung, eben in der Befangenheit der potenziellen Wähler.

Eine unbefangene Zeugenaussage? Wie könnte eine Zeugin Zeugnis leisten, wenn sie nicht motiviert, nicht bewegt wäre zur Aussage dessen, was und wie sie gesehen und gehört hat, befangen in ihrer persönlichen Sichtweise und Wahrnehmung des Geschehens?

Eine unbefangene Jury? Wie könnte ein Juror urteilen ohne Haltung, ohne Erfahrung, ohne Befangenheit?

Der Zeuge ist befangen in seiner Sichtweise. Der Arzt ist befangen durch den hippokratischen Eid. Die Richterin ist befangen im herrschenden Recht. Die Liebende ist befangen in Liebe. Der Gläubige ist befangen im Glauben. Der Gläubiger ist befangen im Anspruch. Der Mediator ist befangen in Vermittlung. Der Moderator ist befangen gegen Stillstand. Der Forscher ist befangen in Entdeckung. Die Expertin ist befangen in Expertise. Der Vermittler ist befangen vom Kompromiss. Der Wissenschaftler ist befangen in Beweisen. Der Bergsteiger ist befangen vom Berg. Die Pflanze ist befangen vom Licht. Der Wanderer ist befangen von Bewegung. Der Flaneur ist befangen von Ziellosigkeit. Der Meditierende ist befangen vom Nichts. Die Lebenden sind befangen gegen den Tod.

Und Dr. Dr. h.c. Ehrenwert antwortet schließlich auf die Frage, ob es eine Grenze zwischen subjektivem Interesse und objektiver Forschung gebe und ob er sich als Wissenschaftler für unbefangen halte: »Ja, meine Geschichte hat nun länger gedauert als mein eigentlicher Vortrag. Darin steckt wohl eine Antwort.« Und an den Fragesteller im Publikum gewandt: »Gegenfrage: War denn Ihre Frage unbefangen? Was war Ihr Motiv?«

Unterwegs

Ohne einen Schritt zu gehen

Du weißt doch, es ist nicht die Sonne,
die sich bewegt, sondern wir selbst
werden bewegt, beständig unterwegs
mit der großen Drehung
um die geneigte Achse der Erde.

Ohne einen einzigen Schritt zu tun,
werden wir fortbewegt von jedem Platz,
an dem wir gerade eben noch waren,
zu einem Platz, wo eben noch nichts
oder niemand oder jemand gewesen ist
oder ein großes Wasser oder eine Wüste
oder eine Quelle oder ein Grab
oder ein Unfall geschah oder ein Zwischenfall,
oder wo jemand stand,
nach dem wir uns lange gesehnt hatten,
aber auch der hat den Platz soeben verlassen.

Mit dem wechselnden Licht
zwischen Sonnenaufgang und Sonnenuntergang
und der sich wandelnden Dunkelheit
zwischen Sonnenuntergang und Sonnenaufgang
wird uns bewusst, dass Wechsel und Wandel
seit Anbeginn und immerwährend uns
bestimmen im Lauf der Welt und des Lebens.

Ehre und Andenken jedem vergangenen Platz,
er könnte uns wieder erreichen auf seiner Bahn.

Hier und Jetzt

Über die Fülle der Leere

Ich sage nichts, gar nichts,
nicht Buddha, nicht Zen, nicht Tao,
habe keine Idee noch irgendeine Botschaft,
will niemanden belehren oder gar überzeugen,
will schweigen gegenüber allen und allem,
um mich ganz zu öffnen
von den Haarspitzen bis zu den Sohlen meiner Füße
zwischen Himmel und Erde,
ganz allein und gänzlich
für hier und jetzt.

Da aber kommst Du!

Schenkst mir Dein Lieblingsbuch –
warum lässt Du mich nicht in Ruh,
lädst mich zum Essen ein –
warum lässt Du mich nicht in Ruh,
erzählst mir Deine Geschichte –
warum lässt Du mich nicht in Ruh,
fragst mich um Rat.

Wer bist Du zwischen Himmel und Erde,
dass Du Dich einfindest gerade jetzt und gerade hier
als Ereignis mit Fragen, mit Geschenk,
Einladung und Geschichte,
mein Schweigen zu stören, meine Öffnung zu füllen,
wo ich doch dachte und wollte, die Leere sei leer.

Aber Du lässt mich erkennen,
dass die Leere der Raum ist für alles,
darin winzig auch ich bin irgendwo
mit meinen Geschichten,
deren eine mein Schweigen ist,
zu dem ich Dich einlade,
jetzt, hier.

Voriges und Folgendes

Aller Anfang ist leicht

Heißt es nicht, aller Anfang ist schwer? Ja, wenn es so aussieht, als müsse man selbst den Anfang machen, dann scheint es oft schwer. Man ist nicht sicher, ob tatsächlich man selbst oder nicht besser jemand anderes den Anfang machen soll. Oder man zweifelt, ob jetzt überhaupt der richtige Zeitpunkt ist, anzufangen. Und, womit ist der Anfang zu machen?

Was ist denn eigentlich Anfang? Wann fängt, zum Beispiel, ein Opernabend an? Mit dem Beginn der ersten Szene des ersten Aktes? Oder vorher mit der ersten Bewegung zum Öffnen des Vorhangs? Oder noch vorher mit dem ersten Ton der Ouvertüre bei noch geschlossenem Vorhang? Oder mit dem Applaus zur Begrüßung des Dirigenten? Der Kammerton a des Ersten Oboisten zum Stimmen der Instrumente ist ein wichtiges Zeichen des Anfangs. Oder fängt es bereits an, wenn das Licht im Saal ausgeht, oder schon wenn die Türen zum Saal geschlossen werden? Oder mache ich selbst einen Anfang, wenn ich meinen Platz einnehme? Oder fängt es an, wenn alle ihre Plätze eingenommen haben? Oder wenn ich meine Garderobe abgegeben habe? Oder wenn ich eintrete ins Gebäude des Opernhauses? Oder wenn ich meine Eintrittskarte in Empfang nehme? Oder viel früher, wenn ich das Plakat mit der Ankündigung der Opernpremiere lese? Wenn die Partitur gedruckt vorliegt? ... Wenn der Komponist den Librettisten trifft?

Wie weit zurück liegt der Anfang? Wann hat der Anfang angefangen? Ist Anfang überhaupt wahrnehmbar? Ja, etwas erscheint anders als vorher, vielleicht neu, jedenfalls anders. Ist das ein Anfang? Wann fängt das andere an? Wenn das Alte, das Vorige aufhört? Aber wann hört das Alte auf?

Wann fängt das Neue an? Kann nicht das Alte der Anfang des Neuen sein, und immer das Vorige der Anfang des Folgenden, und immer der vorige Schritt der Anfang des nächstfolgenden Schrittes? So wie im jüdischen Kalender der neue Tag mit dem Abend des Vortages beginnt, mit dem Feierabend.

Ein Beispiel ohne Vorhang und ohne Kammerton a. Wir lauschen einem Vortrag. Der Redner verliert den Faden, weiß nicht weiter. »Wo war ich stehen geblieben?« fragt er sich oder die Zuhörer, und schon weiß er weiter. Aus dem Vorigen ergibt sich das Folgende. Dazwischen ein Verweilen, eine Frage, eine Pause.

Immer ist schon etwas vor-handen, vor den Händen greifbar. Immer findet man sich bereits im Verlauf eines Geschehens. Es geht um Wahrnehmung des Verlaufs und es geht darum, die eigenen Schritte, den eigenen nächsten Schritt anzupassen oder einzufügen – oder dagegenzusetzen, oder auch abzuwarten, bis sich eine passende Lücke für den eigenen Schritt ergibt, sei es mit oder auch entgegen der Laufrichtung des Geschehens.

Nicht der Anfang ist schwer. Schwer ist das Loslassen vom Ende des Vorigen. Das Vorige ist belastet mit Vorstellung über das Folgende. Und das Folgende ist belastet mit dem Vorigen, wenn es nicht gelöst, nicht gelassen, nicht losgelassen ist

Was heißt das für Arbeit und Beruf? Was heißt das zum Beispiel für die Entscheidung zum Wechsel des Arbeitsplatzes. Was heißt es für die Reihenfolge von Kündigung und Bewerbung oder Bewerbung und Kündigung? Es scheint vernünftig zu sein, erst zu kündigen, wenn man die Zusage zu einem neuen Arbeitsplatz hat. Aber, wie lange lässt es sich aushalten, nach außen Präsenz in bisheriger Arbeit zu zeigen, innerlich aber auf der Suche nach zukünftiger Arbeit zu sein? Wie lang kann man es aushalten und wem will man es zumuten, Gespräche zu neuer Arbeit geheim zu führen, um den alten Arbeitsplatz nicht zu gefährden, von dem man sich doch aber innerlich bereis verabschiedet hat?

Die besten und auch später erfolgreichen Mitarbeiterinnen und Mitarbeiter meiner Agentur waren diejenigen, die mit einer Vakanz zur vorigern Tätigkeit zu uns kamen und diejenigen, die unsere Agentur verließen, ohne bereits eine neue Tätigkeit in Aussicht zu haben.

Was heißt das für Entscheidungen von Scheidung und neuer Bindung in privater Partnerschaft? Den Partner verlassen, nachdem ein anderer aufgetaucht ist? Zu oft und zu leicht wird ein neuer Partner als Anlass benutzt, um die bisherige Bindung zu lösen. Die Lösung ist aber nicht gelöst, nicht entbunden. Die neue Bindung kann sich nicht entfalten. Der neue Partner sieht, dass er nicht um seiner selbst willen eingebunden wurde. Und dann soll er oder sie auch noch helfen bei der Lösung, die ihn oder sie eigentlich gar nichts angeht.

Alles Folgende ergibt sich von selbst aus allem Vorigen, sobald das Vorige entlassen wird. Wie aber kann es gehen, das Vorige zu entlassen? Das Vorige benennen, dem Vorigen Ausdruck geben, das Vorige feiern. Dann löst es sich von selbst und wandelt sich ins Folgende.

Der Erfahrungssatz der Methode Open Space zu Vorigem und Folgendem lautet lapidar: »Vorbei ist vorbei. Nicht vorbei ist nicht vorbei.« Das klingt unverschämt einfach, ist aber nicht einfach. Denn es ist die Aufforderung »Traue Deinem Gefühl, höre auf Deine Innere Stimme, die klar sagt, ob etwas vorbei ist oder nicht. Steh oder geh! (Aber geh erst, wenn Du verstanden hast.)

Der Zenmeister Michael Vetter empfiehlt als musikalische Übung, einen einzigen Ton so lange zu wiederholen, auf verschiedene Weise, die sich aber von allein ergibt, bis sich daraus wie von selbst der nächste und wieder nächste Ton und eine Tonfolge mit Akkord und allem Weiteren ergibt. Das ist die Feier dessen, von dem aus es weitergehen kann. So wird selbst das Loslassen des Vorigen leicht.

Das Andere

Alles ist anders
Alle sind anders

»Anders als du und ich« heißt ein Film in der Regie Veit Harlan, 1957 in Wien uraufgeführt und ab dem selben Jahr auch in Deutschland zuerst in Stuttgart zu sehen. Der Film warb um Akzeptanz gegenüber Homosexualität und war ein Plädoyer gegen den Paragrafen 175 des Strafgesetzbuches, der erst 1994 vom Deutschen Bundestag aufgehoben wurde.

Die Aussage »anders als du und ich« unterstellt als Norm eine Gleichheit von ich und du, eine Gleichheit von mir und dir in Abgrenzung von anderen. Als wäre ich nicht anders als du und du nicht anders als ich. Wie könnten wir denn von Ich und Du sprechen, wenn wir nicht gegenseitig anders wären.

Jeder und jede ist anders als jede und jeder. Selbst das geklonte Schaf namens Dolly war anders als das Spendertier namens Finn Dorsett.

Anders zu sein ist das Verbindende allen Seins. Alle sind anders, alles ist anders.

Etwas erscheint
meist mehr oder weniger anders,
manchmal sehr anders,
manchmal kaum anders
oft sehr viel weniger anders
als etwas Anderes.

Das Andere selbst
ist aber weder viel noch wenig
und schon gar nicht
mehr oder weniger anders.

Das Andere ist unsteigerbar,
und unvergleichbar,
Es kann nicht anderer sein als anders.
Es kann nicht anders als Anderes sein.
Es ist nur anders.

Alles ist anders, Alle sind anders.
Die Anderen sind mit allen Anderen
verbunden als Andere.

Ich bin anders, du bist anders,
das verbindet uns als Andere.
Insofern kann es ohne Ausgrenzung heißen:
»Anders als du und ich«,
da wir wissen, dass wir wie Alle anders sind.

Der dritte Ort

Keine Macht für niemand

Etwas kommt als Konflikt in Bewegung, das zuvor in Ruhe und ausgewogen erschien. Die Bewegung führt zu einer Lösung, so oder so. Dann gibt es entweder Gewinner und Verlierer oder, wenn es gut geht, ergibt sich ein Ausgleich, von dem beide Seiten Gewinn haben.

Dieser Ausgleich wird erleichtert, ja mitunter geradezu befördert, wenn man sich anders als erwartet begegnet, und sei es nur an einem anderen als dem gewohnten Ort. Man trifft sich ohne Heimvorteil und Gastgeberpflichten an einem drittem Ort, an dem beide Gast sind, der beiden fremd ist. Eine gemeinsame Eigenschaft: Gast. Jeder hat sich auf diesem Weg zum dritten Ort vom eigenen Ort fortbewegt, fort von der eigenen Stellung und Vorstellung. Thema und Konflikt geraten schon auf dem Weg in Bewegung.

Der dritte Ort ist unbelastet von Gewohnheiten des Machens und der Macht der »Gäste«. Der dritte Ort als Freiraum für die Entfaltung unentdeckter Möglichkeiten. Am dritten Ort kann sich Unbefangenheit entfalten.

Und dadurch, dass man sich bei der Zustimmung zu einem dritten Ort einigen muss, ist schon ein nächster Schritt getan. Gut ist ein erstaunlicher Ort, ein unerwarteter Ort, ein Ort besonderer Stimmung. Es kann auch einfach die Lobby eines Hotels sein, oder die Halle eines Museums. Jedenfalls ein für beide Seiten bisher noch unbekannter Ort.

Und es braucht jemanden, der den Ort anbietet oder vorschlägt und organisiert. Das sollte jemand sein, der nicht verquickt ist mit dem Konflikt.

Ein Beispiel: Die Region Cabo de Gata in Andalusien war vor Jahren ohne jegliche Bürgerbeteiligung von der Landesregierung als Naturpark deklariert worden. Seither gärten widerstreitende Interessen, die immer wieder auch zu mutwilligen Auseinandersetzungen führten. Landbesitzer und Tourismusunternehmer auf der einen Seite fühlten sich durch restriktive Vorschriften entmündigt in der ökonomischen Nutzung ihres Besitzes, Naturschützer und Parkentwickler auf der anderen Seite erschöpften sich im Dokumentieren und Denunzieren der vielen mutwilligen Verletzungen der Parkordnung. Direkte Kommunikation war nicht mehr möglich, man traf sich nur noch vor Gericht mit Klagen und Gegenklagen.

Der Landbesitzer-Verband suchte bei mir Rat in eigener Sache, um aus dem immer schlechteren Image als Naturparkgegner herauszukommen. Aktive Öffentlichkeitsarbeit, eine Image-Broschüre, Interviews und weitere ähnliche Maßnahmen waren angedacht. Mein Rat lautete dagegen, an den Kern des Konfliktes zu gehen und dafür das Gespräch mit der Gegenseite zu suchen. Dafür bot ich meine Moderation an.

»Niemals! Mit denen reden wir nicht!« »Aber genau das ist doch das Problem«, gab ich zu bedenken. »Die reden ja auch nicht mit uns und würden auf keinen Fall zu uns kommen!« »Habt ihr es denn versucht mit einer Einladung?« »Nein: hoffnungslos!«

Und dann ging es doch: Für eine erste und dann sogar weitere Begegnungen fand sich als Ort die historische Festung auf vorgelagerten Felsen an der Küste des Naturparks. Der Einladung im Namen des Eigentümers und Bewohners der Burg als Gastgeber konnte und wollte sich keiner der Kontrahenten verweigern. Nach mehreren Treffen über ein halbes Jahr veröffentlichten die Kontrahenten schließlich sogar ein gemeinsames »Manifest zur Erhaltung und weiteren Entwicklung des Naturparks Cabo de Gata«.

Was macht einen Ort zum dritten Ort:

- Das Angebot für den Ort kommt von dritter Seite.
- Der Ort ist für beide Seiten fremd.
- Die Kontrahenten kommen als Gäste. – Jeder zahlt für sich, wenn Kosten entstehen.
- Der Ort erstaunt – Licht, Aussicht, Dimension, Lage, Zustand.
- Der Ort lenkt ab von dem Konflikt.
- Es gibt einen Hinweg: Die Kontrahenten bewegen sich aufeinander zu.
- Es gibt einen Rückweg: Es geht nicht sofort weiter im Alltag.
- Der Ort bindet Energie.
- Der Ort wandelt Energie in andere Schwingung, in neue Musik.

Frieden

Ein Zwischenraum

Da ist der Raum, in dem ich übe, fast ununterbrochen übe, in Frieden zu leben, übe, Frieden anzunehmen, in Frieden zu handeln, gar Frieden zu bewirken: Es ist der Raum zwischen eigentlich und tatsächlich: »Eigentlich wollte ich dies tun – tatsächlich ist aber das draus geworden«, ein Zwischen-Raum, eine Leere, eine Unterbrechung, ein Schweigen, der Raum zwischen Wollen und Werden, zwischen Plan und Wirklichkeit.

Es ist der Raum zwischen Enttäuschung und Einverständnis, der Raum vom Nein zum Ja, auch der Raum vom Ja zum Nein. Es ist der Schauraum, in dem nicht nur manchmal, sondern immer Vorstellung sich als Illusion erweist. Es ist der Luftraum, um Atem zu holen, bevor ich akzeptieren kann, dass es mal wieder anders ist als gedacht – und wenn es so scheint, dass jemand anderes die Änderung bewirkt hat, dann ist es der Raum, in dem der Unmut über die Einwirkung sich wandeln kann in Demut, die eigene Mitwirkung zu erkennen.

Es ist der Warteraum zwischen dem drängenden Auftauchen einer Idee und deren endlicher Verwirklichung – manchmal nach Jahren. Es ist der Freiraum, in dem eine Befürchtung verschwindet und etwas sich löst wie von selbst. Es ist in jedem Fall der unebene Spielplatz zwischen meinem persönlichen eigenen Selbst und der Selbstorganisation des Lebens. Es geht in diesem Raum nur und allein um meinen persönlichen inneren Frieden: mein einzig möglicher und mein allein wirksamer Beitrag zu Frieden in der Welt.

Ach: So.

Vorstellung verstellt die Welt

»Hei, super, dass wir dich grade treffen. Wir wollten dich bitten, dass du den Job von Karl übernimmst.«

»Ich!? Nein, bloß nicht! Das bin ich nicht. Das habe ich noch nie gemacht. Das ist nichts für mich, wirklich. Das kann ich mir nicht vorstellen.«

»Was stellst du dir denn vor? – Sag dasselbe noch mal, aber mit ›so‹.«

»So bin ich nicht. So habe ich das noch nie gemacht. So ist das nichts für mich. So kann ich mir das nicht vorstellen.«

»Siehst du? Wer sagt denn, dass es so ist, wie du es dir vorstellst? Es ist nämlich gar nicht so, wie du dir das vorstellst, es ist anders, wie auch du selbst anders bist, als neulich noch. Nichts bleibt so, wie es war, alles ändert sich, auch du selbst. Nichts ist flüchtiger als das »so«.

Genau besehen, ist gar nichts so wie es ist, sondern in jedem neuen Moment immer schon anders als so. Also, mach mal. Du wirst das schon schaffen. Auch wird es durch dich so nicht bleiben, wie es war.«

»Ach so! – Na, gut!«

Anders

Von Alten und Jungen und vom Anderssein

»Mann, das ist ja furchtbar, wie der schon daherkommt, und wie der sich benimmt! In dem Alter! Unmöglich.«

»Ach komm, das ist doch gar nichts, ich kenne noch viel Schlimmere, wirklich!«

Ich kenne einige Alte, die sind einfach alt, einige schon sehr alt, und ich kenne einige Junge, sehr junge auch, die sind einfach jung und auch sehr jung. Manche der Alten sind gut drauf, schon immer, besser als jeder Junge, und ich kenne aber auch einige Junge, die sind wirklich gut, ja, da kann dieser und jener Alte noch was lernen, ich selbst auch, mit Vergnügen. Und ich kenne einige Junge, die wirken schon alt, handeln auch alt, sind borniert, wie mit verschlossenen Sinnen und voller Sorgen und Eifer, und ich kenne ein paar Alte, denen gehe ich lieber aus dem Wege, weil ich zufällig weiß, die waren schon immer so: Besserwisser, Nörgler, Pedanten, solche, die sich zuhauf auch unter vielen Jungen finden.

Doch wenn man in einer Gesellschaft, wie zum Beispiel neulich dem Hoffest der Mieter in meinem Wohnhaus, Junge und Alte, Bornierte und Schwätzer, Spannende und Langweilige trifft und dann doch merkt, dass jeder und jede partiell auch ganz anders ist, als man dachte, dann wird man wieder erinnert, dass auch man selbst anders ist von Fall zu Fall, ja, auch borniert, besserwisserisch, pedantisch, fast ein Anderer, je nach Gegenüber und Situation.

Dann wird man gewahr, bei allem Unterschied, dass entscheidend das Zwischenmenschliche ist, die Art des Umgangs miteinander, und – was man vermisst bei jemandem, sinnvoll man selber einbringt, statt es zu fordern, dann ist es da, ganz einfach, auch für den Anderen.

Der Spatz

Von Stärken und Schwächen

Farno bäckt besonders leckere Pizza, nach meinem Geschmack, die beste, die ich kenne. Arman, sein Vater umsorgt die Gäste. Mahin, die Mutter, ist Krankenschwester in der Charité. Manchmal hilft auch sie noch am Abend im Lokal. »Jack's heißt das Lokal: Die Wände sind dicht behängt mit Portraitfotos aller Jacks aus Film, Theater, Pop und Politik, von Jack Nicholson zu Jack Lemmon zu Jack und Jaqueline Kennedy und Jacques Tati. Ursprünglich kommt die Familie aus Teheran. Farno hat in Mailand studiert, eigentlich Philosopie, aber dann doch noch gründlicher Pizza-Bäckerei, denn das war sein Traum: eine eigene Pizzeria in Berlin. Neulich, zwischen Backofen und Theke erzählte er mir ein persisches Märchen:

»In der Wüste Kavir ist es so heiß, dass sogar der Sand zu Stein geschmolzen ist, Steine nichts als Steine. Einmal aber in jedem Jahr wird es plötzlich so kalt, dass alles zu Eis wird.

Ein Spatz war nicht schnell genug fortgeflogen vor der Kälte und landet auf einem Eis gewordenen Stein, auf dem er fast festfriert und nur mit heftigem Flattern freikommt. Er fragt den Eisstein: Du bist so stark, dass du mich festhalten kannst, bist du das Stärkste, was es gibt? Nein, sagt der Stein, die Sonne ist stärker, denn sie wird mich wieder auftauen. Da fliegt der Spatz hinauf zur Sonne und fragt: Bist du das Stärkste, was es gibt? Nein, sagt die Sonne, die Wolken sind stärker, denn sie können mich bedecken und Schatten auf die Erde werfen. Da fliegt der Spatz zu den Wolken und fragt: Seid ihr das Stärkste auf der Welt, dass ihr sogar die Sonne bedecken könnt? Nein, rufen die Wolken, die Berge sind stärker, denn sie halten uns auf, so dass wir abregnen müssen. Da fliegt der Spatz zu den Bergen, lässt sich nieder und fragt: Seid ihr das Stärkste, was es gibt? Nein, das sind wir nicht, denn uns bedeckt bis weit hinauf das Gras. Da fragt der Spatz das Gras: Bist du das Stärkste, was es gibt? Nein, antwortet das Gras, die Ziege ist stärker, sie frisst uns. Da fliegt der Spatz zu der Ziege und fragt: Bist du das Stärkste, was es gibt? Die Ziege antwortet dem Spatz: Nein, ich bin nicht stark, geschweige das Stärkste, denn mich schlachtet der Bauer. Da fliegt der Spatz zum Bauer und fragt: Bist du das Stärkste, was es gibt? Der Bauer antwortet: Nein, ich bin nicht stark und nicht das Stärkste, ich muss Steuern und Abgaben zahlen an den Schah. Da fliegt der Spatz zum Palast des Schah, fliegt zum Fenster hinein ins Schlafzimmer, wo der Schah sich eben zur Ruhe gelegt hat, fliegt auf's Kopfkissen und fragt den Schah: Bist du das Stärkste auf der Welt? Der Schah antwortet: Nein, wie könnte ich stark oder gar das Stärkste sein, wo mich die Maus mit ihrem Nagen stört, einzuschlafen. Da hüpft der Spatz vor das Mauseloch und ruft nach der Maus. Die Maus kommt heraus. Der Spatz fragt die Maus: Bist du nun letzten Endes das Stärkste, was es gibt?«

Farno erzählt das Ende des Märchens so, wie er es erzählt bekommen hat: »... und ehe die Maus antworten konnte, sprang die Perserkatze herzu, erfasste Spatz und Maus und fraß beide auf.«

Mein Ausgang (für bessere Zeiten) ist dagegen so: »Die Maus antwortet: Das Stärkste, was es gibt, bist du selbst, der Spatz, denn wer immer weiterfragt, der kommt unendlich weit und ist damit das Stärkste in der Welt.« Da war meine Pizza fertig.

Identität

Das Andere in Einem
Das Eine im Anderen

In der vernetzten Gesellschaft ist jeder zu jeder Zeit für jeden an jedem Ort erreichbar. Das heißt: Jeder kann alles über alle und alle können alles über jeden wissen. Dieser Zustand der Gesellschaft mit dieser Möglichkeit ist für weiteste Bereiche der Welt erreicht. Was bleibt da an persönlicher Identität für den Einzelnen in der Gesellschaft erhalten?

Geschieht Auflösung von Identität? Nein, Identität ist nicht auflösbar. Identität besteht allerdings aus weit mehr als Eigenständigkeit oder gar Geschlossenheit. Identität ist der Verbindung, der Erweiterung und dem Wandel ausgesetzt, ständig.

Drei Aspekte der Öffnung:

- Wer jederzeit, an jedem Ort für jeden anderen erreichbar ist, ist (fast) jeder andere.
- Wer alles über alle anderen wissen kann, ist (fast) alle anderen.
- Wo alle anderen alles über einen wissen können, sind alle anderen (fast) der eine.

Wenn man | frau sich dieser (fast) gänzlichen Identität mit dem anderen öffnet, wird sich eine neue Selbsterfahrung einstellen. Denn wer (fast) der oder die andere ist, kann sich mit den Augen des oder der anderen sehen, kann sich zusehen, kann sich selbst als den anderen oder die andere sehen, kann das andere, den anderen, die andere in sich selbst ermöglichen, kann der Neugier auf das andere in sich folgen, kann sich ablenken lassen von Selbstsuche, Selbstzweifeln, befreit davon, sich ständig anzuspornen, befreit davon, siegen zu müssen, kann sich Applaus geben sogar.

Drei Aspekte der Verbindung:

- Ob ich will oder nicht, mein Denken und Handeln ist Teil der Dynamik der Gesellschaft, dies umso mehr, je dichter die Gesellschaft vernetzt ist.
- Ich höre und sehe und ich werde gehört und gesehen, mehr und weiter als mir bewusst ist, abträglich oder zuträglich meiner persönlichen Befindlichkeit.
- Andere und anderes beeinflussen mich ständig, ich beeinflusse ständig andere. Durch Einfluss und Beeinflussung bin ich anders als mir bewusst ist. Durch das andere in mir bin ich anders als gedacht. Jeder und jede andere ist anders als gedacht.

Das Aufnehmen des anderen ist nicht Auflösung von Identität, sondern ist Vertiefung, Erweiterung, Erneuerung von Identität als Entwicklung, als Wandel, als Verbindlichkeit, als Verbindung, als Verantwortung (Antwort auf das andere) im Netz der Gesellschaft. Damit kann man sich anfreunden.

Gestalt

Was macht aus Bäumen den Wald?

Eins und eins ist vier. Wie? Was? Vier? Das haben wir doch schon in der Vorschule anders gelernt: Eins und eins ist zwei. Stimmt – auch. Das ist nur ein mögliches Ergebnis. Denn wenn man genau hinhört oder hinschaut beim Zählen, dann zeigt sich: 1. »eins«, 2. »und«, 3. »eins«, 4. »ist«: Vier. Ohne die Wörter »und« und »ist« fehlt die Bedeutung der Zahlen, fehlt der Sinn. Wenn man die Wörter zählt und nicht nur die Zahlwörter, dann kommt aus der Zählung mehr raus als die Summe »Zwei«, nämlich »Vier«.

Das »Mehr« steckt in dem Wort »und« und es steckt in dem Wort »ist«: Eins und eins ist vier. Leicht wären die Wörter »und« und »ist« zu übersehen als bloße Hilfswörter, unscheinbar. Sie sind aber Funktionswörter und sind entscheidend für das Ganze. Das Unscheinbare, das Unsichtbare, macht aus Teilen ein Ganzes.

Wahrnehmungspsychologen nennen das Ganze »Gestalt« und sprechen vom Gestalt-Gesetz der Übersummativität.

Das Mehr-Wort »und« stellt die Verbindung und Beziehung her zwischen den einzelnen Einsen. Mit »und« als verbindendem Dritten ist »eins und eins« mehr als zwei Einzelne. Das Mehr-Wort »und« kann als Urwort allen Lebens gesehen werden. »Und« steht für Zellteilung und jedes weitere Wachstum, steht für Verzweigung, Vernetzung, Kooperation, Kopulation, Koinzidenz. Alles ist in Verbindung, Alles ist mit allem verbunden. Ohne »und« gibt es kein Leben.

Das Mehr-Wort »ist« steht als Signal zunächst für Wahrnehmung »da ist etwas«. Aus der Wahrnehmung entsteht Erkenntnis »das bedeutet etwas«. Aus der Erkenntnis kann eine Entscheidung entstehen für mein Handeln »das heißt für mich«. Mein Handeln berührt alte oder neue Vereinbarungen und führt schließlich zu einer Wirkung auf mich selbst und andere. Ohne Wahrnehmung (mit der Folge von Erkenntnis und Entscheidung) gibt es weder Teile noch Summe noch Ganzes.

Für das Mehr-Wort »und« gibt es sogar ein typografisches Zeichen: Das et-Zeichen, auch »kommerzielles Und« genannt, ist entstanden aus der Zusammenschreibung (Ligatur) der beiden Lettern e und t für »et«, (lateinisch»und«). Im Englischen heißt das Zeichen »ampersand«, entstanden aus »and per se and« das »An-und-für-sich-und«. Ich nenne es das »eigenständige Und«. Es steht für die Eigenständigkeit und den Mehrwert der Verbindung zwischen zwei Elementen. In einem Firmennamen (Fischer & Scholz) steht es für die Wirkung der beiden Teile: Zwei erschaffen etwas gemeinsam, das zusammen mehr ist als die Summe dessen, was jeder der beiden allein schaffen würde. Im Wirkungsraum des »und« entsteht Teamgeist und Wirgefühl – oder auch Feindschaft oder Streit.

Über die Eisenbahnbrücke donnert ein Güterzug. Wir zählen: »10, 20, 40, 60, 80, 90 und jetzt am Ende exakt 94 Einzelwaggons! So lang! Ein ganzer Güterzug!« Da ist es unerheblich, was im einzelnen Waggon geladen ist, ob Kohle oder Kartoffeln oder Kisten mit Kurbelwellen. Die Länge, das Ganze zählt. Wehe, wenn eine einzige Kupplung zwischen den Waggons nicht hält und die Verbindung sich löst. Wie konnten wir überhaupt zählen? Haben wir überhaupt Waggons gezählt oder haben wir nicht unbewusst das Ende des einen und den Anfang des folgenden Waggons, also eigentlich den Abstand zwischen Ende und Anfang der Waggons, also die Leerstellen gezählt? Ja und nein. Man denkt nicht beim Zählen, man übersieht die Verbindungen. Dabei wäre das Zählen ohne die Verbindungen, die als Lücke, als Leerstelle erscheinen, gar nicht möglich. Das Wichtigste für die Wahrnehmung des Ganzen, ein langer Güterzug mit Lokomotive, besteht aus Leerstellen als Verbindung: 94 mal »und«.

So lesen wir auch nicht Buchstaben, sondern wir lesen die Verbindung der Buchstaben als Wortgestalt. Die Buchstabenfolge »e, b, e, r« besteht aus zweimal »e«, einmal »r« und einmal »b«. Die Buchstabenfolge »r, e, b, e« besteht ebenfalls aus zweimal »e«, einmal »r«, und einmal »b«. Aber wir lesen einmal Rebe und einmal Eber. Die unterschiedliche Wortgestalt entsteht im Leerraum zwischen den Zeichen, ist eigentlich unsichtbar und doch entscheidend.

So können aus den nur 26 Grundbuchstaben des lateinischen Alphabets zigtausende von Wortgestalten unterscheidbar dargestellt werden. Zigtausend mal x Verbindungsgestalten, die beim Lesen identifiziert werden, obwohl sie unsichtbar erscheinen.

Sagt der Fuchs zum kleinen Prinzen von Antoine de Saint-Exupéry: »Das Wesentliche ist für das Auge unsichtbar«.

Innovation

Anders als erwartet

Bei Tagungen, Kongressen, Vorträgen, Workshops wird den Teilnehmern beziehungsweise Zuhörern am Ende ein Fragebogen zur Bewertung der Veranstaltung vorgelegt, der Evaluationsfragebogen. Eine der Fragen lautet: »Sind Ihre Erwartungen an die Veranstaltung erfüllt worden?« Veranstalter und Vortragender und gegebenenfalls Moderator erhoffen die Antwort »Ja« als Bestätigung ihres Angebots.

Die Antwort »Ja« beweist aber, dass die Veranstaltung eigentlich nichts Neues gebracht hat, indem lediglich bestehende Erwartungen und Vorstellungen bestätigt wurden. Die Antwort »Nein« dagegen wäre der Beweis, dass Innovation stattgefunden hat: Überraschung, Zumutung, Herausforderung. Und erst damit hätte die Veranstaltung sich doch gelohnt.

Beweis für Innovation sind freche Antworten:

- *Der spinnt!*
- *Das kann doch nicht sein.*
- *Logisch ist das aber nicht.*
- *Das möchte ich aber bezweifeln.*
- *Das muss der grade sagen. Unverschämt.*
- *Das ist doch Äpfel mit Birnen verglichen.*
- *Na, wenn das mal stimmt.*
- *Da habe ich aber was ganz anderes erwartet.*
- *Das habe ich aber bisher anders gehört.*
- *Wie kann das möglich sein?*
- *Na, das soll der mal beweisen.*
- *Das kann man aber so nicht sagen.*
- *Das ist doch voller Widersprüche.*
- *Das passt ja gar nicht zusammen.*
- *Da habe ich aber was ganz anderes erwartet.*
- *Will der mich provozieren?*

- Das darf doch nicht wahr sein!
- Das kann man doch so nicht stehen lassen.
- So kann man das aber nicht sagen.
- Da verschlägts einem ja die Sprache.
- Das muss ich mir nicht anhören!
- Na, wenn der damit durchkommt.
- Früher hat der doch ganz anders gesprochen.
- Ich glaub, ich hör nicht recht.
- Ich glaub, ich spinne.
- Das kann ich so nicht annehmem.
- Da lachen ja die Hühner.
- Und das soll stimmen! Lachhaft.
- Mir erzählt das niemand.
- Das gibts doch nicht.
- So geht das aber nicht.
- Das war aber noch nie so. Mit mir nicht.
- Na, das halte ich aber für sehr fragwürdig.
- Wie kommt der denn darauf?
- Nein, da gehe ich nicht mit.

Schließlich könnte es sogar heißen:

- *Vielleicht ist ja was dran.*
- *So habe ich das noch nie gehört.*
- *Meint die das wirklich?*
- *Kann man das googeln?*
- *Klingt ein wenig seltsam, finden Sie nicht auch?*
- *Ich habe das schon mal ähnlich gehört.*
- *Kann ich das nachlesen?*
- *Meint der das im Ernst?*
- *Da würde ich gern mehr drüber hören.*
- *Mir kommt das jetzt ein bisschen überraschend.*
- *Ob da was dran ist?*
- *Das müsste man mir mal ausführlicher erklären.*
- *Ich lass das jetzt mal so stehen.*
  Muss ich drüber nachdenken.

Innovation ist immer anders als erwartet.

Menschheit und Menschlichkeit

Alle Menschen sind menschlich

Irren ist menschlich. Das sagt man so. Singen ist auch menschlich, na klar, Essen ist menschlich, auch Scheißen ist menschlich, Kotzen ist menschlich, Lieben ist menschlich, Befehlen ist menschlich, Gehorchen ist menschlich, ebenfalls Zielen ist menschlich, Treffen ist menschlich, Schreien ist menschlich, Sterben ist menschlich, ja, Töten ist menschlich, Atmen ist menschlich, Angst machen ist menschlich und Angst haben ist menschlich, Weinen ist menschlich.

Menschlich ist nicht nur das, was Menschen gefällt und was Menschen gut finden, sondern menschlich ist, was Menschen tun und denken. Alles Menschliche ist menschlich. Es gibt kein menschliches Tun und kein menschliches Denken außerhalb von Menschlichkeit.

Jeder Mensch ist Teil der Menschheit. Kein Mensch kann außerhalb der Menschheit Mensch sein, kein Mensch kann sich aus der Menschheit hinausstellen oder hinausgestellt werden – etwa als Unmensch – und so kann kein Mensch sich gegen die Menschheit stellen oder gestellt werden. Zwar kann sich ein Mensch gegen alle anderen Menschen stellen, auch können sich viele Menschen gegen einen oder gegen alle anderen Menschen stellen, – es ändert das Gefüge der Menschheit – manchmal gewaltig, es bleibt aber immer das menschliche Gefüge der Menschheit.

Ein Mensch begeht ein Verbrechen. Eine Regierung, ein ganzes Volk begeht ein Verbrechen, ein großes Verbrechen, ein unermessliches Verbrechen. Es bleibt ein menschliches Verbrechen im Gefüge der Menschheit.

Es gibt Verbrechen, es gibt furchtbare Verbrechen. Natürlich! Denn es liegt in der Natur des Menschen und der Menschheit, auch Verbrechen zu begehen, große Verbrechen, die die ganze Menschheit treffen, durch einen Menschen, oder durch viele Menschen. *Aber es gibt kein Verbrechen gegen die Menschheit und es gibt kein Verbrechen gegen die Menschlichkeit*: Das Verbrechen ist integraler Teil der Menschlichkeit und der Verbrecher ist integraler Teil der Menschheit.

»Das mag ja richtig sein in der Logik der Wortbedeutungen,« sagt eine, »aber zum Glück ist seit 1945 »Verbrechen gegen die Menschlichkeit« als Straftatbestand definiert. Damit kann ein sehr großes Verbrechen auch sehr hoch bestraft werden. Das ist es doch, was zählt.« Dieses pragmatische Argument zählt vielleicht mehr als die Logik der Bedeutungen.

Anthropologisch aber bleibt wichtig: Auch der schlimmste Verbrecher ist Mitmensch, auch ein schlimmstes Verbrechen ist menschlich. Der Mensch ist nicht von Natur aus gut, sondern der Mensch ist von Natur menschlich. Verurteilt man einen Menschen, so verurteilt man Menschlichkeit und damit auch sich selbst.

Trotzdem: Urteilen ist menschlich, Strafen ist menschlich, auch Strafen nach Höchstmaß ist menschlich.

Und – Irren ist menschlich.

Zauberwort

Vor einer verschlossenen Tür

Ich kam mit der S-Bahn vom Flughafen Frankfurt auf der Tiefebene Hauptbahnhof Frankfurt an, fühlte mich in Eile, nach oben zu gelangen auf die Ebene von Eingang und Ausgang, um mein nächstes Ziel in der Stadt erreichen.

Leider hatte ich nicht nur Handgepäck, sondern auch einen Rollkoffer dabei. So suchte und fand ich den Personen- und Lastenaufzug, vor dem auch schon andere Reisende warteten.

Das Warten dauerte, weitere Reisende kamen hinzu, der Fahrstuhl aber kam immer noch nicht wie gerufen. So standen wir vor verschlossener Schachttür. Ich meinte witzig sein zu sollen und sagte zu dem zuvorderst in der Wartereihe Stehenden: »Bitte, vielleicht hilft es, wenn Sie einmal das Zauberwort sagen.« Er sagt: »Was ist denn das Zauberwort Ihrer Meinung nach?« Ich sage: »Na ja, das ist doch bekannt: Sesam öffne dich !« Er sagt: »Ich weiß ein besseres. Das heißt: Geduld.«

Zauberwort

Aus ungefragten Fragen

Wenn Du es wissen willst,
unbedingt wissen willst,
frage, solange Du kannst,
dann aber sei still, bleib still,
so lange Du kannst,
bis Du schließlich merkst,
dass etwas Neues entsteht,
eine Schwingung, ein Tönen,
eine sehr leise Nachricht.
Eine Nachricht, die klingt,
als ob etwas über die Stille zu sagen sei.
Lausche dieser Nachricht,
versuche, sie zu verstehen,
lausche so lange, bis Du merkst,
dass auch sie nur Stille ist,
eine Stille mit Deiner eigenen Stille
in gleicher Schwingung.
Dem lausche solange Du kannst,
so lange, bis Dir bewusst wird,
dass alle Stille Dich trägt.
Lass es geschehen und spüre,
wie der Raum der Stille eine Heimat ist.
Schließlich kannst Du zuschauen,
wie aus der Stille kleine und große Antworten wachsen,
immer mehr Antworten,
und noch weitere Antworten –
zu Fragen, die Du nie gestellt hast.
Und – wenn Du lange genug zuschaust,
dann taucht auch die Antwort auf
zu der Frage, die Du tatsächlich gestellt hattest
nach dem Zauberwort zur Lösung
Deiner Probleme:
Die Antwort lautet »Geduld«.

Anfang

Wie alles anfing
und warum es so ist,
wie es ist

Die Schöpfung, die sogenannte, ist ja angeblich das Größte überhaupt. Laut Bibel von Gott selbst in Gang gesetzt und in Form gebracht. Wieso aber geht dauernd was schief? Wieso läuft alles meist anders als man dachte oder wollte, wieso ist alles immer in Bewegung, nie ist Ruhe, selbst im Schlaf muss man noch träumen, das ist oft schwere Arbeit und gar nicht toll. Nirgends ist Gerechtigkeit, und nirgends Vorhersehbarkeit, und eigentlich herrscht immer ein wildes Durcheinander. Ein Wunder, dass nicht alles auseinanderfliegt.

Liegt das am Anfang des Ganzen oder liegt es an uns allen und jedem Einzelnen, die wir damit fertig werden müssen, es aber einfach nicht in den Griff bekommen?

Es gibt mythologische und wissenschaftliche und poetische Versionen und Vorstellungen oder Fantasien, wie das Ganze angefangen haben könnte. Goethe: »*Im Anfang war das Wort*« lässt er Faust aus dem griechischen Grundtext des Johannes-Evangeliums im Neuen Testament der Christen übersetzen, und lässt ihn alternativ erwägen: »*Im Anfang war der Sinn*« oder »*Im Anfang war die Kraft*«, und lässt ihn schließlich schreiben: »*Im Anfang war die Tat!*«. An dieser Stelle kommt der Pudel in die Szene, der sich aber als Mephisto herausstellt. Ist der Anfang von allem als Tat anstelle von Wort oder Sinn oder Kraft der Schlüssel zur Tragödie? Tun wir zu viel? – Liegt's an den Taten?

In der Übersetzung von Martin Luther heißt es an gleicher Stelle »*Im Anfang war das Wort, und das Wort war bei Gott, und Gott war das Wort. Dasselbe war im Anfang bei Gott. Alle Dinge sind durch dasselbe gemacht, und ohne dasselbe ist nichts gemacht, was gemacht ist.*

In ihm war das Leben, und das Leben war das Licht der Menschen. Und das Licht scheint in der Finsternis, und die Finsternis hat's nicht begriffen.« So heißt es zu Beginn des Johannes-Evangeliums. – Liegt's also am Wort, an der Sprache, dass wir kaum klarkommen mit dem Ganzen? Reden wir zu viel? Hören wir zu wenig, um zu begreifen?

Juden wie Christen lesen über den Anfang der Welt die Schöpfungsgeschichte im 1. Buch Moses: »*Am Anfang schuf Gott Himmel und Erde. Und die Erde war wüst und leer, und es war finster auf der Tiefe, und der Geist Gottes schwebte auf dem Wasser. Und Gott sprach: Es werde Licht. Und es ward Licht. Und Gott sah, dass das Licht gut war. Da schied Gott das Licht von der Finsternis und nannte das Licht Tag und die Finsternis Nacht. Da ward aus Abend und Morgen der erste Tag …*«. So geht es über lange sechs Tagewerke bis zur Erschöpfung und Erholung am siebten Tag. Dann endlich Pause! Vielleicht ist die Pause das Wichtigste an der ganzen Schöpfung.

Ein anderer Ansatz ist zu finden im Buch TaoTeKing das dem legendären chinesischen Philosophen LaoTse zugeschrieben wird. In der Übersetzung von Victor von Strauß heißt es: »*Das Namenlose ist des Himmels und der Erde Urgrund. Es gibt ein Wesen, unbegreiflich, vollkommen, vor Himmel und Erde entstanden. So still, so gestaltlos! Es allein beharrt und wandelt sich nicht. Durch alles geht es und gefährdet sich nicht. Man kann es ansehen als der Welt Mutter. Ich kenne nicht seinen Namen. Bezeichne ich es, nenne ich es Tao … Tao ist ewig Nicht-Tun, und doch bleibt nichts ungetan …*«.

Mir ist das alles zu heilig, zu ewig, zu ordentlich. Ich verstehe es einfach nicht. Ich bringe das nicht zusammen mit dieser realen Welt, voller Widersprüche, ohne Antworten, in ewig gewaltigem Wandel!

Ich will einen anderen Beginn ausdenken: Im Anfang war Nichts – in Finsternis und Ruhe. Und der Geist des Nichts schützte das Nichts. Und so ruhte das Nichts seit Ewigkeit. Es erhob sich aber eine Stimme jenseits des Nichts, laut und unsichtbar, und rief: »Hallo! Hier Kreativer Geist, ich rufe dich, Geist des Nichts, gib Antwort: Warum tust du Nichts in ewiger Ruhe, irgendwas – mal Licht machen, oder was sagen oder sonst irgendwas!« Und erhielt keine Antwort aus dem Nichts. Und er rief wieder und weiterhin und rief: »Hallo, ich will Antwort, irgendein Wort!« Und wollte nicht warten und rief weiterhin: »Lass mich doch mal 'ran. Man muss doch was tun, kann doch nicht ewig nur rumhängen, nichts tun, das geht nicht!« Und gab keine Ruhe, denn Ruhe war nicht auf seiner Seite.

Schließlich gab der Geist des Nichts doch Gehör und gab Antwort dem Unsichtbaren und sprach: »Du also wirfst in das Nichts Worte, entwirfst Sprache, forderst, zwingst mich zu Worten, erzwingst Antwort – du weißt nicht, was du damit anrichtest. Nun, da du unbedingt willst: mach doch mal – mach doch mal 'ne Welt, so 'ne kleine Welt – na, du wirst das schon machen. – Was? Du brauchst Zeit dafür? Gibt's nicht bisher, musst du selber erfinden. Mach's aber jetzt, ja jetzt. Was anderes gibt's nicht als das Jetzt, Fang an. Aber lass' auf jeden Fall zur Hälfte Finsternis, das ist die Bedingung.«

»Bedingung, – Bedingung, was ist das, wenn doch bisher nichts war?« »Hör auf zu reden. Fang an.« »Aber,« rief weiter der Kreative, »aber ...« Und da gab der Geist der Finsternis als weitere Bedingung zur Antwort »Kein Aber!« »Na, du hast gut reden in deinem

Nichts,« rief dagegen der Kreative, »wenn aber ...«
»Kein Wenn und kein Aber! Und Schluss jetzt mit allem rufen und reden, mach deinen Anfang! Jetzt! «

Und Kreativer Geist machte sich an die Arbeit, zuerst machte er mal Licht – in der Hälfte, die ihm überlassen war. Dabei erschrak er –, denn plötzlich waren da Millionen von Farben, wie von selbst – das ließ er aber einfach mal so. »Gut so« sagte er, »ja, so ist es gut, super, das ist es, genau, ...« so redete er vor sich hin in ständigem Selbstgespräch beim Weitermachen. Dann kam etwas zustande, irgendwie dehnbar und knetbar, und dazu sagte er: »Ah, da hab' ich ja Zeit, ganz schön Zeit.« War aber nicht viel, da nur die Hälfte zu sehen war, die andere Hälfte blieb finster und er konnte auch nicht erkennen, ob das viel oder wenig war, was da an Zeit entstand, und ob er das überhaupt so nennen konnte: Zeit, mit nur einem Wort.

Irgendwie kam er nicht recht voran danach, indem es immer wieder finster wurde nach einiger Zeit und er warten musste. Nichts aber fiel ihm so schwer wie Warten oder gar Ruhen. Als wieder Licht war, machte er Wasser und Luft und ein paar Berge und dann kam er auf so was wie Leben. Das brachte ihn auf den Gedanken, es einmal mit Lebewesen zu versuchen. Von allem schaffte er aber nur eben das Nötigste, grad mal zwei Stück von jedem Wesen und die nicht mal ganz gleich. Irgendwo in dem ganzen Durcheinander gelang auch so was wie zwei Menschen, die erkannten sich erst mal nicht, wussten auch nicht, was essbar war und was nicht, Luft war durchsichtig, aber sie konnten nicht drauf gehen, auch Wasser war nicht begehbar, es war auch ungleich verteilt nach Weiten und Tiefen, und etliche Berge bewegten sich noch – so dass Kreativer Geist dachte, jetzt mal irgendwie Ordnung zu schaffen. Da aber erschallte der Ruf: »Halt! Hier Geist des Nichts! Höre Unruhiger, der du dich Kreativer Geist nennst: 7 Tage sind um und 6 Nächte – 6-mal also hast du geruht, hast ruhen müssen, unfreiwillig, ich weiß. Das ist das Maß der Zeit und so soll es bleiben. 7 Tage und 6 Nächte. Jetzt aber ist Schluss. Schluss mit deinem Anfang. Ab in ewigen Ruhestand.«

»So ein Mist,« rief zurück Kreativer Geist, »ich bin doch nicht fertig! Nichts ist vollkommen geworden – außerdem hast du mir hineingeredet mit Bedingungen und der Bestimmung von Zeit. Dafür soll ich meinen Namen geben! Nun, mir soll's gleich sein, dann muss es eben von selbst weitergehen.« Und schrieb in Fels zehn Worte als Rezept, nach dem notgedrungen die Welt ihm geraten und nun zu entlassen war: UNGLEICH – UNVOLLKOMMEN – JETZT – ALLES – KEIN WENN – KEIN ABER – VON SELBST.

Und als die Menschen sich kennenlernten, unvollkommen und ungleich, lernten sie schwer, dass alles allein von Jetzt auf Jetzt und ohne Wenn und Aber eigentlich von selbst sich weiterentwickelt – und so ist, wie es wird. Also: Ein Wunder, aber keine Sorge: Es fliegt nicht auseinander.

Glauben und Wissen

Dem Alleswisser
ist kaum zu glauben

Treffen sich zwei Wissenschaftler: Einer, dem niemand glaubt und einer, der niemandem glaubt.

Sagt der Wissenschaftler, dem niemand glaubt, zu dem Wissenschaftler, der niemandem glaubt: »Glauben auch Sie mir nicht ?«

Sagt der Wissenschaftler, der niemandem glaubt: »Wie soll ich Ihnen glauben, wo ich doch niemandem, nicht einmal mir selber glaube!«

Sagt der Wissenschaftler, dem niemand glaubt: »Aber ich habe doch bewiesen, dass es nicht auf Glauben sondern auf Wissen ankommt!«

Sagt der Wissenschaftlier, der niemandem glaubt: »Das mag ja sein, dass Sie das bewiesen haben, aber niemand glaubt Ihnen und Ihren Beweisen.«

Sagt der Wissenschaftler, dem niemand glaubt: Das glaube ich Ihnen nicht, zumal Sie niemandem, nicht mal sich selber glauben.«

»Ja, das glaube ich Ihnen gern« sagt der Wissenschaftler, der niemandem glaubt.

Veränderung

Es bleibt nichts zu verändern –
es ist bereits anders

Mit einem öffentlichen Aufruf »Gedanken zu meinem kleinen Planeten«, initiiert an der HGB Leipzig, wurden Standpunkte, Kritik und Beobachtungen gesucht zur »Veränderung in unserem Leben aus Unbehagen in Anbetracht der gegenwärtigen politischen Situation«.

»Unbehagen«.
Das Wort beansprucht Behagen als Norm. Wer aber hätte uns je Behagen und Behaglichkeit als Norm zugesichert? Unbehaglich sitzen wir klagend behaglich im Trockenen. Wer in Not ist, der schreit oder schweigt oder handelt. Wir sind nicht in Not. Wir betrachten.

»Anbetracht«.
Wir betrachten fern, der Blick ist auf den Bildschirm des Fernsehers gerichtet. Unsere Zugehörigkeit heißt Programmbindung. Gefesselt im Sessel täglich ab acht Uhr.

»Gegenwärtig«.
Unsere Gegenwärtigkeit ist die allgemeine und gleichzeitige Versammlung am Abend zur Tagesschau: Gegenwart in der Fernsicht, ohne Not, ohne Einsicht, in optimaler Blickdistanz und reflexfreier Aufsicht, zurückgelehnt.

»Veränderung«.
Erfahren wir wirklich irgendeine Veränderung, die für uns irgendetwas anders sein lässt, als es eben zuvor noch war? – Nein. Es ist die lediglich vermittelte Änderung der anderen. Wir selbst bleiben unverändert: entrüstet, entsetzt, voller Mitleid – bis Sendeschluss.

»Situation«.
Ja, wenn es das gäbe: Situation. Dann könnte man sich einfinden, um Stellung oder Lage zu orten, zu festigen oder zu lösen. Es ist aber alles in Bewegung, ständig unterwegs, unüberschaubar vielfältig vernetzt.
Alle Situation ist Fiktion. Veränderung und Wandel sind uns immer voraus, unerkannt.

»Kleiner Planet«.
»Klein« als Kosewort ist ein Imperativ der Liebe. Lieben kann man den Planeten aber nur, wenn man sich selbst liebt, als Teil dieses Planeten. Allein für diesen eigenen kleinen Teil des Planeten ist man geboren, zuständig, verantwortlich. Nichts scheint schwerer zu sein, als diesen eigenen Teil zu leben, selbst zu sein. Und nichts scheint einfacher zu sein, als sich um Entferntes und andere zu kümmern und sich darin zu verausgaben oder gar zu verlieren. Aber nur der eigene Teil ist der Ort, um wirksam der Gemeinschaft des Planeten zu dienen.

»Unbehagen«.
Unbehagen ist als das Eigentliche zu begreifen, als Impuls für den stets nächsten Schritt. Der nächste Schritt ist stets und nur der eigene nächste Schritt am eigenen Ort für den eigenen Weg. Es ist dies auch nicht notwendig der logisch nächste Schritt, sondern der Schritt, den die sogenannte »innere Stimme« unbedingt vorgibt als nächstliegende Gegebenheit, nicht als Veränderung, sondern als Situation, die bereits verändert ist. Man soll nur folgen. Nur dies ist Erfolg.

»Veränderung«?

Wer sich nicht mit Erwartungen und Vorstellungen befestigt, sondern beweglich verbunden ist der Bewegung und dem Wandel der Gemeinschaft des Planeten, wird erkennen: Es geschieht immer alles anders als erwartet. Was aber geschieht, ist stets das Einzige, das geschehen kann.

Es bleibt nichts zu verändern, es ist bereits anders.

Tanzen

Im Schwerpunkt
des Gleichgewichts

Ein Mandelbaum, falsch beschnitten, war verdorrt und war doch ein Baum gewesen, der nicht einfach nur Brennholz werden wollte. Die Idee war, den Stamm, etwas krumm und ohne Geäst, aus der Erde zu holen, die ausladenden Wurzeln auf Armlänge zu stutzen – und das Ganze umgekehrt wieder aufzustellen als Figur, als Naturskulptur mit Wurzelkopf.

Wir waren zu dritt. Pablo, der Nachbar, mein Sohn Kim und ich. Ein Ort für die Aufstellung im Garten war vorbereitet, der Stamm hintransportiert und aufgerichtet. Mühsam bewegten wir dann zu zweit das schwere Ding aufrecht hin und her nach Drehung und Neigung, mehr und weniger schief und schräg, um eine Position zu finden, die unserer Vorstellung von »tänzerisch« entsprechen sollte. Kim schaute aus einer Distanz von einigen Metern unseren Bemühungen zu, bis er vorschlug, das krumme Ding einfach ins Gleichgewicht zu bringen, so dass es ohne Anstrengung mit nur einem Finger zu halten wäre.

Er macht es vor: steht krumm auf einem Bein mit ungleich weit ausgestreckten Armen – in Balance. Das ist es: Balance. Den inneren Schwerpunkt nutzen, daraus ergibt sich die Position der Figur. Diese Position war mit drei Latten leicht zu fixieren, am Fuß mit Zement und Steinen zu umfassen. Dann wurden am nächsten Tag die Latten entfernt und die zwischen den Wurzelarmen eingewachsenen Steine wurden später noch mit Blattgold belegt. Seither steht »Almendoro« als Tänzer an seinem Platz.

Seither stehe ich an manchen Tagen morgens selbst auf einem Bein im Garten, recke und strecke, biege und beuge mich – als eine Form der Meditation. Ich stehe, verstehe mich, verweile. So lange wie möglich auch ohne äußere Bewegung, so dass der Balancetanz sich innen abspielt. Bin damit so beschäftigt, dass alles Denken sich entfernt, mich in Ruhe kommen lässt, mich in Ruhe lässt, im Atem gehalten. Als Tänzer an meinem Platz.

Zu dieser Erfahrung wird oft Heinrich von Kleist zitiert mit seinem Essay »Über das Marionettentheater«, zuerst 1810 in den »Berliner Abendblättern erschienenen. Der Text beginnt: »*Als ich den Winter 1801 in M… zubrachte, traf ich daselbst eines Abends, in einem öffentlichen Garten, den Herrn C. an, der seit kurzem, in dieser Stadt, als erster Tänzer der Oper, angestellt war, und bei dem Publiko außerordentliches Glück machte. Ich sagte ihm, daß ich erstaunt gewesen wäre, ihn schon mehrere Male in einem Marionettentheater zu finden, das auf dem Markte zusammengezimmert worden war, und den Pöbel, durch kleine dramatische Burlesken, mit Gesang und Tanz durchwebt, belustigte. Er versicherte mir, dass ihm die Pantomimik dieser Puppen viel Vergnügen machte, und ließ nicht undeutlich merken, dass ein Tänzer, der sich ausbilden wolle, mancherlei von ihnen lernen könne …*«

Weiter heißt es: »*Wie, fragte ich,* (ist) … *der Vorteil, den diese Puppe vor lebendigen Tänzern voraus haben würde? Der Vorteil? Zuvörderst ein negativer, mein vortrefflicher Freund, nämlicher dieser, dass sie sich niemals zierte. – Denn Ziererei erscheint, wie sie wissen, wenn sich die Seele in irgend einem anderen Punkte befindet, als in dem Schwerpunkt der Bewegung. Da der Maschinist nun schlechthin, vermittelst des Drahtes oder Fadens, keinen anderen Punkt in seiner Gewalt hat, als dieses: so sind alle übrigen Glieder, was sie sein sollen, tot, reine Pendel, und folgen dem bloßen Gesetz der Schwere; eine vortreffliche Eigenschaft, die man vergebens bei dem größesten Teil unserer Tänzer sucht ...«*

Vorstellung verstellt die Sicht.
Die Lösung liegt darin,
die geringste Kraft aufzuwenden.

Macht

Signalgeber
ist die Innere Stimme

Machtergreifung, Ermächtigungsgesetz, Allmacht, Machtmissbrauch, Machthaber, Machtausübung, Insignien der Macht, Machtspiele, Machtvollkommenheit. Das kann einem schon die Lust verderben, sich mit Macht zu befassen, gar eigene Macht und eigenen Machtbereich zu sehen, anzunehmen und zu entfalten. Dabei hat »Macht« vielleicht einfach auch nur mit »machen« zu tun. Tatsächlich üben wir ständig Macht aus mit allem, das wir tun und lassen, machen oder nicht machen. Es geht ja auch freundlich: »Habe ich Ihnen wehgetan?« »Macht nix, schon gut.« »Macht hoch die Tür …« »Cool, das macht mich an.« Und den Machthabern jenseits der Berliner Mauer galt der Zuruf: »Macht das Tor auf!«.

Jeder ist Machthaber im Bereich seiner Macht, jede ist Machthaberin in ihrem Machtbereich. Macht wird verliehen, Macht wird erworben, Macht ist aber vor allem angeboren. Es ist uns angeboren, das Machbare zu machen. Wenn wir das Machbare machen, so üben wir Macht aus, von Geburt an. Tun wir weniger als das Machbare, so füllen wir unseren Machtbereich nicht aus, es entsteht Leerraum, ein Machtvakuum. Ein Unterdruck wird spürbar, es entsteht ein Sog, eine Machtverschiebung bahnt sich an, vielleicht bis zur Ohnmacht.

Wenn ich einen Teil meines Bereiches, Machtbereiches, nicht nutze, vielleicht nie betreten habe, vielleicht nicht einmal kenne, ja, vielleicht nicht einmal weiß, dass es Teil meines Bereiches ist, so wird irgendwann ein angrenzender Nachbar aufmerksam, wird vermuten, dass da was zu holen ist, wird begehrlich, wird vielleicht endlich über Nacht einfach mal die Grenzsteine versetzen und damit seinen Bereich, seinen Machtbereich erweitern. Plötzlich ist das Geschrei groß: Da will mir jemand an die Wäsche, da nimmt mir jemand was weg, unverschämt, was bildet der sich ein.

Es wäre also wichtig gewesen, klare Grenzen gesetzt zu haben, den eigenen Bereich zu kennen, zu kennzeichnen und vor allem zu nutzen. Was hat gefehlt? Es hat gefehlt, den Bereich deutlich und voll zu nutzen, es hat gefehlt, dem Nachbarn bekannt zu sein, einmal über die Grenze hinweg sich bekannt gemacht zu haben. Und dem Nachbarn hat gefehlt, die Grenze gesetzt zu bekommen. Grenze als Verbindung und Grenze als Trennung definiert den Bereich der Macht, den Bereich des Machbaren.

Das Machbare muss nicht unbedingt und zu jeder Zeit gemacht werden, denn Nichtmachen ist Teil des Machbaren. Machtbereich ist nicht der Bereich dessen, was ich offensichtlich und tatsächlich mache, Macht, die ich tatsächlich ausübe, sondern der Bereich meiner Macht ist der Bereich meiner Möglichkeiten, mein Potenzial. Wichtig ist, dass ich mir meiner Möglichkeiten bewusst bin, und wichtig ist, dass ich dieses Bewusstsein ausstrahle, spüren lasse, mitteile. Auch ermuntere ich damit meine Nachbarn, mein Gegenüber, meinen Gegner, meine Mitspieler, auch ihrerseits zu spüren und spüren zu lassen, wessen sie fähig und mächtig sind. Das klärt die Verhältnisse.

In den asiatischen Kampfsportarten geht es um die Entwicklung von Möglichkeiten und Fähigkeiten der Macht, nicht, um die Macht anzuwenden, sondern darum, die Macht im Falle eines Angriffs umzulenken zurück auf den Angreifer und vor allem geht es darum, eine Ausstrahlung zu entwickeln, die Kampfsituationen erst gar nicht entstehen lässt. Potenzielle Macht.

Die eigene Macht wahrnehmen: das heißt nicht, Macht gegen jemanden ausüben, sondern das heißt zuallererst, die Wahrheit und die Wirklichkeit der eigenen Macht zu sehen, anzuerkennen, anzunehmen. Macht ist nicht primär nach außen gerichtet, sondern Macht ist die Energie im Kern meiner Befindlichkeit, die mich zur richtigen Zeit das Machbare tun lässt.

Signalgeber meiner Macht ist die Innere Stimme. Die Stimme, die »jetzt!« sagt, oder »ja« oder »nein«, im rechten Moment, wenn die Zeit reif ist. Diese groß zu schreibende Innere Stimme ist klar und knapp und eindeutig. Diskutieren darf man nicht, dann verstummt sie sofort und verschwindet. Dann steht man da mit den Für- und Wider-Argumenten im Gewirr der vielen kleinen inneren Stimmen und kann sich nicht entscheiden. Dann ist es das Beste, nicht zu entscheiden, bis von allein die große Innere Stimme leise wieder auftaucht und die Entscheidung leicht macht.

Je besser man auf die Innere Stimme hört,
desto leichter erscheint das Machbare,
desto mächtiger wird man selbst.

Bettgeschehen

Immer anders

E-Mail von Hotel

BETREFF: RESERVIERUNG

Sehr geehrte Dame,

hiermit bestätigen wir die Reservierung eines Doppelzimmers zum: siehe oben. Bitte teilen Sie uns noch mit, ob Sie Doppelbett oder Einzelbetten wünschen.

E-Mail von Gast

BETREFF: RESERVIERUNG

Sehr geehrter Herr,
besten Dank für die Bestätigung unserer Zimmerreservierung. Ihre Frage bezüglich Doppelbett oder Einzelbetten beantworten wir wie folgt.

Heute so gestern so, heute anders als gestern, morgen vielleicht so, vielleicht so, manchmal heute wie gestern, manchmal sogar wie vorgestern, manchmal wie ganz früher, meist anders als gedacht, oft lange anders als vorher, oft lange gar nicht, wenn erst mal anders, dann lange anders, dann wieder lange das Gleiche, und plötzlich doch wieder anders.

Also, stellen Sie bitte die Betten sowohl als auch.

Mit freundlichem Gruß

Eigentlich

Ein Signalwort bioenergetischer Vernunft

Eigentlich wollte ich dich ja heute besuchen, aber ... Eigentlich bin ich ja gar nicht so, aber ... Eigentlich liebe ich dich ja, aber ... Eigentlich fühle ich mich ja ganz wohl, aber ... Eigentlich möchte ich ja jetzt gehen, aber ... Eigentlich wollte ich das ja nicht sagen, aber ... Eigentlich will ich das ja nicht, aber ...

»Was ist hier eigentlich los?«

»Wieso, was soll los sein? Nichts ist!«

»Und das soll ich glauben?«

Glaubt man das? Ist da tatsächlich nichts los und alles in Ordnung und gut? Oder ist es nur eigentlich gut, »eigentlich« mit einem »Aber« versehen. Es klingt doch so, als ob da was verheimlicht, verschwiegen wird, für jeden spürbar, aber – niemand will raus mit der Sprache.

»Eigentlich« ist das Alibi von »tatsächlich«. »Eigentlich« ist ein Signal, ist ein Hinweis auf das einfache eigentliche Selbst, das Richtige, das Wahre, das Unmittelbare, das jedoch umgangen wird, das tatsächlich nicht geschieht, nicht hervortritt, nicht sein darf – unter Zensur steht –, unter Vorbehalt, umstellt von »aber« – und doch versehen mit Sehnsucht.

Ein Fall von »eigentlich«: Ein Klient meiner »Begleitung im Wandel« hatte sich zum Ziel gesetzt, seine Agentur zur Nummer zwei in Europa zu entwickeln. Wir hatten uns über fast ein Jahr lang regelmäßig getroffen, hatten die Mitarbeiterinnen und Mitarbeiter einbezogen in die Maßnahmen der Qualifizierung, Schritt für Schritt konsequent das Ziel im Auge: Die Agentur wird Nummer zwei in Europa. Bei einem erneuten Treffen begann ich wie bei jedem unserer Treffen auch diesmal mit der Frage: »Was ist neu seit unserem letzten Treffen?«.

Er zögerte nur kurz und sagte dann: »Neu ist heute, dass ich eigentlich das Ganze los sein will – !«

»Eigentlich«, das ist ein Signal-Wort im Raum der bioenergetischen Vernunft, dort spricht als Innere Stimme das Selbst, kurz, knapp, radikal. Dann kommt fast immer sehr schnell das »Aber«, als Denk-Wort im vielstimmigen Parlament der rationalen Vernunft.

Die Innere Stimme sagt: »Hau ab«, eine Stimme der rationalen Vernunft sagt: »Eigentlich würde ich am liebsten abhauen, aber was ist dann!« Eine weitere Stimme der rationalen Vernunft sagt: »Eigentlich würde ich am liebsten abhauen, aber was denken die anderen!« Eine weitere Stimme der rationalen Vernunft sagt: »..., aber das kann ich mir in meiner Rolle nicht leisten!«

Die Innere Stimme sagt: »Schrei!« Eine Stimme der rationalen Vernunft sagt: »Eigentlich möchte ich laut schreien, aber ich traue mich nicht.« Eine weitere Stimme der rationalen Vernunft sagt: »Eigentlich möchte ich laut schreien, aber so kennen die mich gar nicht und wie stehe ich dann da.«

Die Innere Stimme sagt: »Sag Ja!« Eine Stimme der rationalen Vernunft sagt: »Eigentlich möchte ich ›ja‹ sagen, aber ich fürchte mich vor den Konsequenzen.« Eine weitere Stimme der rationalen Vernunft sagt: »Aber wenn ich überstimmt werde, bin ich blamiert.« Eine weitere Stimme der rationalen Vernunft sagt: »..., aber ich könnte mich doch irren.«

Es funktioniert auch anders herum: »Eigentlich« und »aber« können ihre Rollen vertauschen: »Eigentlich« geht auf die Seite der rationalen Vernunft, »aber« geht auf die Seite der bioenergetischen Vernunft.

Das kann dann so klingen: »Eigentlich gehört sich das nicht, aber ich habe mich jetzt mal darüber hinweggesetzt« ... »Eigentlich bin ich ja schüchtern, aber dir gegenüber habe ich mich doch getraut.« ... »Eigentlich müsste ich Ihnen kündigen, aber ich möchte Ihnen doch noch eine Chance geben.« ... »Eigentlich will ich das nicht decken, aber ich werde dich nicht verraten.« ... »Eigentlich bin ich sehr verletzt, aber ich will dir doch verzeihen.«

Jeder Satz der mit »eigentlich« beginnt, führt weg vom Eigentlichen, ist aber ein Hinweis auf das Eigentliche, führt weg vom Selbst, erinnert aber das Selbst. Wenn das Eigentliche, das Selbst, zu Wort und ins Geschehen kommen soll, dann ist das Wort »eigentlich« zu streichen.

»Neu ist heute, dass ich eigentlich das Ganze los sein will –!« Ich sagte nur: »Gut. Wende. Neuer Kurs.« Die vielen »aber« waren erst einmal auf Distanz gebracht und konnten danach entkräftet werden. Schritt für Schritt folgte die Befreiung aus Lust und Last als Agenturchef. Es gelang.

Wir treffen uns manchmal noch und jedes Mal sagt er: »Ich fühlte mich selbst ernst genommen. Es war die vielleicht wichtigste Wende in meinem Leben.«

Ich will das Ganze los sein. Ich gehe. Ich besuche dich. Ich fühle mich wohl. Ich bin verletzt. Ich verzeihe dir. Ich liebe dich. Ich will das nicht. Ich will das.

Anfang

Vorbei ist vorbei

Am Anfang war kein Ende.
So ward entschieden,
dass Anfang auf Anfang folge,
ewig.

Vorbei-ist-Vorbei meint seither:
Gib Raum neuem Anfang.

Literatur

Akelim

- *Johann Wolfgang von Goethe* Xenien. Musenalmanach für das Jahr 1796
  Friedrich Schiller (Hrsg.) | Neustrelitz, 1796
- *Louis H. Sullivan* The Tall Office Building Artistically Considered
  Lippincott's Volume 57 | Philadelphia, 1896
  Republished in: Kindergarten Chats And Other Writings
  Dover Publications | New York, 1979
- *Friedrich Kiesler, Typoskript 1960* Friedrich Kiesler – inside the endless house
  Ausstellungskatalog Historisches Museum der Stadt Wien | Dieter Bogner (Hrsg.)
  Böhlau | Wien – Köln – Weimar, 1997

Selbst

- *Heinz von Foerster* | *Bernhard Pörksen* Wahrheit ist die Erfindung eines Lügners
  Carl-Auer-Systeme Verlag | Heidelberg, 1998
- *Robert Jungk* Trotzdem. Mein Leben für die Zukunft
  Hanser | München – Wien, 1993
- *Marvin Weisbord* | *Sandra Janoff* Don't Just Do Something, Stand There!
  Berrett-Koehler Publishers | San Francisco, 2010
- *Harrison Owen* Expanding our Now. The Story of Open Space Technology
  Berrett-Koehler Publishers | San Francisco, 1997

Fehler

- *Ludwig van Beethoven* Briefe Beethovens
  Curt Sachs (Hrsg.) | Verlag Julius Bard | Berlin, 1920

Begleitung im Wandel

- *Katharina Fischer Möcklinghoff* Ungeschriebenes Tagebuch
  Rodalquilar 1989

Voriges und Folgendes

- *Michael Vetter* Pianissimo. Klavierstücke für Nichtpianisten
  Atlantis Musikbuch | 1996

Gestalt

- *Antoine de Saint Exupéry* Der kleine Prinz
  Karl Rauch Verlag | 1950

Anfang

- *LaoTse* Tao Te King
  W. Y. Tonn (Hrsg.) | Übertragen und kommentiert von Victor von Strauß
  Manesse Verlag | 2004
- *Johann Wolfgang von Goethe* Faust. Der Tragödie erster Teil
  VEB Verlag der Kunst | Dresden, 1961
- *Martin Luther* Die Heilige Schrift
  Preussische Hauptbibelgesellschaft | Berlin, 1935

Tanzen

- *Heinrich von Kleist* Über das Marionettentheater. Aufsätze und Anekdoten
  Insel Verlag | Frankfur am Main, 1980

Münchener Straße 6 | 10779 Berlin
Telefon (+49-30) 211 67 52 | ff@begleitung-im-wandel.com
www.begleitung-im-wandel.com
Lektorat
Frederike Frei | www.frederikefrei.de
Korrektorat
Gerlinde Giesner-Maikowski
Marketing
Peter M. Scholz | www.t-ps.de
Fotografie Islandmohn | Papaver nudicaule
Claudio Alessandri | www.alessandri.at
Visuelle Konzeption und Gestaltung
Clemens Theobert Schedler | Büro für konkrete Gestaltung
Schriften
Novel Sans Pro und Novel Pro
von Christoph Dunst | burodunst.com
Druck und Bindung
Druckerei Theiss GmbH
Papiere
Surbalin glatt 6060 kirschrot | 115 g
Munken Print White 15 | 100 g
ISBN 978-3-00-035925-5
1. Auflage im Januar 2012 | Printed in Austria | EU

Erweiterung | Einspruch und Zuspruch
www.der-naechste-schritt.ff-wey.com

www.youtube.com
Florian Fischer Lesung am 9. Juli 2011
Foyer Hebbel-Theater Berlin HAUEINS
Ton: Florian Fischer | www.klang-und-raum.net
Kamera: Piet Esch